L'evoluzione della telefonia ha avuto un impatto sociale immenso. I telefoni mobili hanno reso la comunicazione immediata e accessibile ovunque, abbattendo le barriere geografiche e culturali. Gli smartphone hanno trasformato il lavoro, l'istruzione e l'intrattenimento, permettendo il lavoro da remoto, l'apprendimento a distanza e l'accesso a un'infinità di contenuti multimediali. Tuttavia, hanno anche sollevato nuove sfide, come la dipendenza dalla tecnologia, la privacy e la sicurezza dei dati.

Dai primi telefoni cellulari degli anni '80 ai sofisticati smartphone di oggi, la telefonia ha compiuto passi da gigante, rivoluzionando il modo in cui viviamo e interagiamo con il mondo. Il futuro promette ulteriori innovazioni che continueranno a modellare la nostra società in modi inimmaginabili.

Le origini della telefonia

Le origini della telefonia moderna risalgono agli anni '80, un periodo di rapida innovazione e sviluppo tecnologico. Questo decennio ha visto la transizione dai telefoni fissi alle prime forme di telefonia mobile, gettando le basi per la rivoluzione delle comunicazioni che sarebbe seguita negli anni '90.

Gli Anni '80: L'Alba della Telefonia Mobile

Nel 1983, la Motorola lanciò il DynaTAC 8000X, il primo telefono cellulare portatile disponibile commercialmente. Con un peso di circa un chilogrammo e una batteria che durava solo 30 minuti di conversazione, il DynaTAC era un dispositivo ingombrante e costoso, ma rappresentava un passo decisivo verso la mobilità delle comunicazioni. L'introduzione di questo telefono segnalava l'inizio dell'era della telefonia mobile, trasformando radicalmente il modo in cui le persone interagivano tra loro.

La Tecnologia Analogica: AMPS

Negli Stati Uniti, il sistema AMPS (Advanced Mobile Phone System) fu implementato per supportare questi nuovi dispositivi. AMPS era una tecnologia analogica che permetteva la trasmissione di voce su frequenze radio, aprendo la strada alla diffusione dei telefoni cellulari. Questo sistema fu adottato anche in altri paesi, contribuendo alla crescita globale della telefonia mobile.

Gli Anni '90: La Transizione al Digitale

Gli anni '90 segnarono una svolta cruciale con l'introduzione delle tecnologie digitali. Nel 1991, in Finlandia, fu lanciata la prima rete GSM (Global System for Mobile Communications). A differenza dei sistemi analogici, il GSM utilizzava la tecnologia digitale, migliorando significativamente la qualità delle chiamate e la sicurezza delle comunicazioni. Questo standard diventò rapidamente il più diffuso a livello mondiale, consentendo una maggiore interoperabilità tra i paesi e spianando la strada per l'espansione globale della telefonia mobile.

L'Evoluzione dei Dispositivi

Durante gli anni '90, i telefoni cellulari divennero progressivamente più piccoli, più leggeri e più accessibili. Marchi come Nokia, Ericsson e Motorola dominarono il mercato, introducendo modelli iconici come il Nokia 5110 e il Motorola StarTAC. Questi dispositivi non erano solo strumenti di comunicazione, ma iniziarono anche a offrire funzionalità aggiuntive come SMS (Short Message Service), rubrica telefonica e giochi.

L'Ascesa degli Operatori di Telefonia Mobile

Parallelamente all'evoluzione dei dispositivi, crebbe anche il numero di operatori di telefonia mobile. La competizione tra questi operatori portò a una riduzione dei costi per gli utenti finali e a un miglioramento dei servizi offerti. L'espansione delle reti mobili e la crescita della base di utenti segnarono un decennio di crescita esplosiva per il settore delle telecomunicazioni.

L'Impatto Culturale

La diffusione dei telefoni cellulari ebbe un impatto profondo sulla società. La possibilità di essere sempre raggiungibili trasformò le abitudini lavorative e personali, rendendo la comunicazione più immediata e accessibile. Alla fine degli anni '90, il telefono cellulare era diventato un oggetto di uso quotidiano, simbolo di status e di modernità.

Dai primi e rudimentali dispositivi degli anni '80 alle sofisticate tecnologie digitali degli anni '90, la telefonia mobile ha vissuto un'evoluzione straordinaria. Questo periodo ha gettato le basi per le innovazioni future, trasformando irreversibilmente il modo in cui le persone comunicano e interagiscono. Alla soglia del nuovo millennio, il mondo era ormai pronto per l'era degli smartphone e della connettività globale.

Di seguito alcuni dei modelli più influenti ed apprezzati dai primi anni 80 alla fine degli anni 90.

1. Nokia Mobira Senator (1982)

Il Nokia Mobira Senator è uno dei primi telefoni cellulari prodotti dalla Nokia, introdotto nel 1982. Questo dispositivo pionieristico rappresenta uno degli esordi della telefonia mobile, segnando un importante passo avanti nella comunicazione senza fili. Il Mobira Senator era essenzialmente un telefono veicolare, destinato principalmente all'installazione in automobili, a causa delle sue dimensioni notevoli e del peso considerevole, che superava i 10 kg.

La storia del Mobira Senator si colloca in un periodo in cui la comunicazione mobile era ancora agli albori. Nokia, collaborando con Salora, un'azienda finlandese di elettronica, lanciò il Senator come parte della loro linea Mobira di telefoni mobili. La sua introduzione segnò una svolta nella capacità di effettuare chiamate senza essere vincolati a un telefono fisso, una rivoluzione per l'epoca. Una curiosità interessante sul Mobira Senator è che utilizzava il sistema NMT (Nordic Mobile Telephone), uno dei primi standard di telefonia mobile analogica. Questo sistema fu sviluppato per offrire una copertura di rete su vaste aree, cruciali per paesi con basse densità di popolazione come la Finlandia e la Svezia. Il Mobira Senator, pur ingombrante e poco pratico secondo gli standard odierni, rappresentava una meraviglia tecnologica per i suoi tempi, ponendo le basi per l'evoluzione futura dei telefoni cellulari.

2. Motorola DynaTAC 8000X (1983)

Il Motorola DynaTAC 8000X, lanciato nel 1983, è universalmente riconosciuto come il primo telefono cellulare portatile al mondo. Questo dispositivo leggendario fu il frutto di anni di sviluppo da parte di Motorola, guidata da Martin Cooper, che già nel 1973 effettuò la prima chiamata da un prototipo del DynaTAC. Il modello 8000X rappresenta la versione commerciale di quell'innovazione, un dispositivo che cambiò per sempre il modo di comunicare.

Il DynaTAC 8000X pesava circa 1 kg e misurava 25 cm in lunghezza, rendendolo molto meno portatile rispetto ai telefoni moderni, ma per l'epoca era una meraviglia della miniaturizzazione tecnologica. La batteria consentiva solo 30 minuti di conversazione, con un tempo di ricarica di 10 ore, ma ciò non ne ostacolò il successo.

Una delle curiosità più affascinanti del DynaTAC 8000X è il suo ruolo nella cultura popolare. Apparve in numerosi film e programmi televisivi, diventando un simbolo di status negli anni '80. Il suo prezzo di lancio era di circa 3995 dollari, una cifra considerevole, ma che non scoraggiò i consumatori desiderosi di possedere questa innovazione rivoluzionaria. L'impatto del DynaTAC 8000X sulla tecnologia e sulla cultura è innegabile, segnando l'inizio dell'era della comunicazione mobile personale.

3-Motorola MicroTAC 9800X (1989)

Il Motorola MicroTAC 9800X, introdotto nel 1989, è stato un significativo passo avanti nell'evoluzione dei telefoni cellulari. Questo dispositivo è stato il primo telefono a introdurre il design a flip, un concetto che avrebbe dominato il design dei telefoni per oltre un decennio. Il MicroTAC 9800X era notevolmente più compatto rispetto ai suoi predecessori, pesando circa 350 grammi, un peso significativamente ridotto rispetto al Motorola DynaTAC.

La storia del MicroTAC 9800X è strettamente legata all'innovazione continua di Motorola nel campo della telefonia mobile. Dopo il successo del DynaTAC, Motorola cercava di rendere i telefoni cellulari più compatti e portatili, e il MicroTAC rappresentava un grande passo in quella direzione. La sua introduzione segnò l'inizio di un'era in cui i telefoni cellulari potevano essere facilmente trasportati in tasca o in borsa, aumentando la loro praticità per l'uso quotidiano.

Una curiosità interessante sul MicroTAC è che il suo design a flip non era solo estetico ma anche funzionale. La parte ribaltabile fungeva da protezione per la tastiera e da supporto per il microfono, migliorando la qualità della chiamata. Inoltre, il MicroTAC 9800X era uno dei primi telefoni a includere una batteria agli ioni di litio, un'innovazione che avrebbe portato a una maggiore durata della batteria e a un design più leggero. Questo telefono rappresenta una pietra miliare nella storia della telefonia mobile, aprendo la strada a molti dei design e delle caratteristiche che consideriamo standard oggi.

4-Nokia 1011 (1992)

Il Nokia 1011, lanciato nel 1992, è stato il primo telefono cellulare prodotto in serie a utilizzare la rete GSM (Global System for Mobile Communications), segnando un momento storico nell'evoluzione della telefonia mobile. Questo dispositivo compatto, che pesava circa 475 grammi, rappresentava un grande passo avanti rispetto ai precedenti telefoni cellulari analogici.

La storia del Nokia 1011 inizia con l'introduzione della rete GSM, che offriva una migliore qualità delle chiamate e una maggiore capacità di rete rispetto ai sistemi analogici. Nokia, vedendo il potenziale della tecnologia GSM, fu tra i primi produttori a sfruttarla, e il 1011 divenne rapidamente uno dei telefoni più popolari del suo tempo. Il nome "1011" deriva dalla data di lancio del dispositivo, il 10 novembre 1992.

Una delle curiosità più interessanti del Nokia 1011 è che fu uno dei primi telefoni a includere la funzione di invio e ricezione di SMS, anche se questa funzionalità non era ancora ampiamente utilizzata al momento del lancio. Inoltre, il Nokia 1011 aveva una memoria interna che poteva memorizzare fino a 99 numeri di telefono, un'incredibile innovazione per l'epoca. Questo telefono rappresenta un punto di svolta nella storia della telefonia mobile, ponendo le basi per l'adozione globale dei telefoni cellulari digitali e delle reti GSM.

5-IBM Simon Personal Communicator (1994)

L'IBM Simon Personal Communicator, lanciato nel 1994, è ampiamente riconosciuto come il primo smartphone al mondo. Questo dispositivo combinava le funzionalità di un telefono cellulare con quelle di un PDA (Personal Digital Assistant), offrendo una serie di caratteristiche che sarebbero diventate standard negli smartphone moderni. Il Simon pesava circa 510 grammi e aveva un display touchscreen monocromatico, un'innovazione notevole per il suo tempo.

La storia dell'IBM Simon è quella di una visione avanzata della convergenza tecnologica. Sviluppato da IBM e distribuito da BellSouth, il Simon non era solo un telefono, ma includeva anche funzionalità come e-mail, calendario, rubrica, calcolatrice e un blocco note. Queste caratteristiche lo rendevano un dispositivo versatile, adatto sia per l'uso personale che professionale.

Una curiosità interessante sull'IBM Simon è che il suo touchscreen era resistivo, permettendo agli utenti di interagire con il dispositivo utilizzando sia le dita che uno stilo. Questo approccio pionieristico prefigurava molte delle tecnologie che avrebbero definito gli smartphone negli anni successivi. Nonostante il suo prezzo elevato e una durata della batteria limitata, il Simon fu una pietra miliare nella storia della tecnologia mobile, dimostrando le possibilità future della convergenza tra telefoni e computer portatili.

6-Nokia 8110 (1996)

Il Nokia 8110, introdotto nel 1996, è famoso per il suo design curvo e per essere stato uno dei primi telefoni cellulari con un design slider. Spesso soprannominato "banana phone" per la sua forma distintiva, l'8110 divenne un'icona culturale, specialmente dopo essere apparso nel film "The Matrix" nel 1999.

La storia del Nokia 8110 è strettamente legata all'evoluzione del design dei telefoni cellulari. Nokia cercava di creare un dispositivo che fosse non solo funzionale ma anche elegante e distintivo. L'8110 presentava una copertura scorrevole che proteggeva la tastiera, rendendolo compatto e facile da trasportare. Questo design innovativo fu un successo tra i consumatori, affermando Nokia come leader nel design dei telefoni mobili.

Una curiosità interessante sul Nokia 8110 è la sua associazione con "The Matrix". Sebbene la versione mostrata nel film fosse una modifica speciale con una copertura a scatto automatica, la popolarità del film contribuì a cementare l'8110 come uno dei telefoni cellulari più iconici degli anni '90. Inoltre, il Nokia 8110 fu uno dei primi telefoni a supportare la tecnologia SMS e le prime funzionalità di connettività dati, rendendolo un dispositivo all'avanguardia per il suo tempo.

7-Motorola StarTAC (1996)

Il Motorola StarTAC, lanciato nel 1996, è considerato il primo telefono cellulare a conchiglia di successo commerciale. Questo dispositivo rivoluzionario, che pesava circa 88 grammi, divenne rapidamente un simbolo di stile e innovazione tecnologica, influenzando profondamente il design dei telefoni cellulari nei decenni successivi.

La storia del Motorola StarTAC è una di innovazione e successo. Motorola, dopo il successo del DynaTAC e del MicroTAC, cercava di creare un dispositivo ancora più portatile e pratico. Il design a conchiglia del StarTAC permetteva di proteggere lo schermo e la tastiera quando chiuso, riducendo l'ingombro e aumentando la durata del dispositivo. Questa innovazione rese il StarTAC estremamente popolare tra i consumatori, vendendo milioni di unità in tutto il mondo.

Una curiosità interessante sul Motorola StarTAC è che fu uno dei primi telefoni cellulari a includere una batteria agli ioni di litio, che offriva una maggiore durata della batteria rispetto alle tecnologie precedenti. Inoltre, il StarTAC supportava la vibrazione come metodo di notifica, un'altra novità per l'epoca. Questo telefono rappresenta una pietra miliare nella storia della telefonia mobile, dimostrando che i telefoni cellulari potevano essere non solo strumenti utili, ma anche accessori di moda.

8-Nokia 9000 Communicator (1996)

Il Nokia 9000 Communicator, introdotto nel 1996, è stato uno dei primi telefoni cellulari a offrire funzionalità di comunicazione avanzate, combinando un telefono cellulare con un PDA. Questo dispositivo innovativo pesava circa 397 grammi e disponeva di una tastiera QWERTY completa, un display LCD a larghezza intera e supporto per e-mail e navigazione web, rendendolo un precursore degli smartphone moderni.

La storia del Nokia 9000 Communicator è una storia di visione e innovazione. Nokia cercava di creare un dispositivo che potesse servire come un ufficio portatile, permettendo agli utenti di gestire e-mail, documenti e navigare sul web direttamente dal loro telefono. Il Communicator fu un successo tra i professionisti, diventando rapidamente uno strumento indispensabile per chi necessitava di comunicazione mobile e gestione dei dati.

Una curiosità interessante sul Nokia 9000 Communicator è che fu utilizzato dal personaggio di Val Kilmer nel film "The Saint" del 1997, contribuendo a cementare la sua immagine come dispositivo tecnologicamente avanzato e versatile. Inoltre, il Communicator fu uno dei primi telefoni a supportare l'accesso a Internet mobile, sebbene le velocità fossero limitate rispetto agli standard odierni. Questo dispositivo rappresenta un passo significativo nell'evoluzione degli smartphone, introducendo molte delle caratteristiche che consideriamo essenziali nei telefoni moderni.

9-Nokia 3210 (1999)

Il Nokia 3210, lanciato nel 1999, è stato uno dei telefoni cellulari più popolari e influenti di tutti i tempi. Con oltre 160 milioni di unità vendute, il 3210 è ricordato non solo per la sua robustezza e affidabilità, ma anche per le sue innovative funzionalità e il design elegante. Il telefono pesava circa 151 grammi, con una tastiera ergonomica e un'antenna interna, una novità per l'epoca.

La storia del Nokia 3210 è quella di un successo fenomenale. Nokia progettò il 3210 per essere accessibile e facile da usare, mirando a un pubblico giovane e dinamico. Una delle sue caratteristiche più rivoluzionarie era l'inclusione del gioco Snake, che divenne un fenomeno culturale e introdusse milioni di persone al gaming mobile. Inoltre, il 3210 fu uno dei primi telefoni a supportare la composizione di suonerie personalizzate, permettendo agli utenti di esprimere la propria personalità attraverso il suono del loro telefono.

Una curiosità interessante sul Nokia 3210 è che fu uno dei primi telefoni cellulari a essere commercializzato senza un'antenna esterna visibile, un cambiamento di design che influenzò profondamente l'estetica dei telefoni cellulari successivi. Inoltre, il 3210 era noto per la sua durata della batteria eccezionale e la sua capacità di resistere a cadute e urti, caratteristiche che contribuivano alla sua reputazione di telefono indistruttibile. Questo dispositivo è considerato uno dei telefoni cellulari più iconici e influenti della storia, lasciando un'eredità duratura nella tecnologia mobile.

10-Nokia 7110 (1999)

Il Nokia 7110, introdotto nel 1999, è stato uno dei primi telefoni cellulari a offrire l'accesso a Internet tramite il protocollo WAP (Wireless Application Protocol), aprendo la strada alla navigazione web mobile. Questo dispositivo innovativo pesava circa 141 grammi e presentava un design distintivo con uno schermo grande e una copertura scorrevole per la tastiera, che ricordava il famoso "banana phone" Nokia 8110.

La storia del Nokia 7110 è strettamente legata all'evoluzione della connettività mobile. Nokia, riconoscendo il potenziale dell'Internet mobile, sviluppò il 7110 come uno strumento per accedere a contenuti web semplificati, offrendo agli utenti la possibilità di leggere notizie, controllare il meteo e gestire la posta elettronica direttamente dal loro telefono. Sebbene il WAP fosse limitato rispetto agli standard odierni, rappresentava un importante passo avanti nella convergenza tra telefoni cellulari e Internet.

Una curiosità interessante sul Nokia 7110 è che fu il primo telefono cellulare a presentare una rotellina di scorrimento (navi-key), che facilitava la navigazione nei menu e nelle applicazioni. Questo telefono è anche noto per essere apparso nel film "The Matrix", contribuendo a cementare la sua immagine come dispositivo futuristico e all'avanguardia. Il Nokia 7110 rappresenta un importante capitolo nella storia della telefonia mobile, introducendo funzionalità che avrebbero trasformato il modo in cui interagiamo con la tecnologia.

11-Samsung SCH-100 (1999)

Il Samsung SCH-100, lanciato nel 1999, rappresenta una pietra miliare nella storia della telefonia mobile, essendo il primo telefono cellulare CDMA (Code Division Multiple Access) di Samsung. Questo dispositivo, sviluppato per il mercato sudcoreano, segnò l'ingresso di Samsung nel mercato globale dei telefoni cellulari, gettando le basi per il suo futuro successo come uno dei principali produttori di smartphone al mondo.

La storia del Samsung SCH-100 è strettamente legata all'evoluzione delle reti CDMA, una tecnologia che permetteva una maggiore efficienza nell'uso delle frequenze radio rispetto alle reti GSM tradizionali. Samsung, riconoscendo il potenziale di questa tecnologia, sviluppò l'SCH-100 per offrire ai consumatori una migliore qualità delle chiamate e una maggiore capacità di rete. Questo telefono era relativamente compatto e leggero per l'epoca, con un design semplice e funzionale.

Una curiosità interessante sul Samsung SCH-100 è che fu uno dei primi telefoni a includere un'antenna retrattile, una caratteristica che sarebbe diventata comune nei telefoni cellulari di quel periodo. Inoltre, il successo dell'SCH-100 contribuì a consolidare la reputazione di Samsung come innovatore tecnologico, aprendo la strada a una serie di modelli futuri che avrebbero ulteriormente rivoluzionato il mercato della telefonia mobile. Questo dispositivo rappresenta un capitolo importante nella storia di Samsung, evidenziando il suo impegno nell'adottare nuove tecnologie e nel migliorare continuamente l'esperienza utente.

12-Nokia 8210 (1999)

Il Nokia 8210, lanciato nel 1999, è stato uno dei telefoni cellulari più eleganti e popolari della sua epoca. Con il suo design sottile e leggero, pesante solo 79 grammi, l'8210 rappresentava un significativo miglioramento estetico e funzionale rispetto ai modelli precedenti. Questo dispositivo è diventato rapidamente un simbolo di stile e tecnologia avanzata, grazie anche alla sua disponibilità in diversi colori vivaci.

La storia del Nokia 8210 è un esempio di come Nokia abbia saputo coniugare design accattivante e funzionalità avanzate. Il telefono offriva un display grafico a cinque linee, giochi incorporati, e una rubrica telefonica che poteva memorizzare fino a 250 contatti. Una delle sue caratteristiche distintive era la possibilità di cambiare le cover frontali e posteriori, permettendo agli utenti di personalizzare il loro telefono in base ai gusti personali.

Una curiosità interessante sul Nokia 8210 è che divenne molto popolare tra le celebrità e i professionisti grazie al suo design compatto e alla sua facilità d'uso. Nonostante alcune critiche riguardanti la fragilità del display, il telefono rimase un best-seller per diversi anni. La sua durata della batteria era eccezionale per l'epoca, permettendo giorni di uso continuo con una singola carica. Il Nokia 8210 rappresenta un classico nella storia della telefonia mobile, celebrato per la sua combinazione di estetica raffinata e tecnologia funzionale.

L'Era dei Telefoni Multimediali: Dal 2000 al 2007

L'inizio del nuovo millennio ha segnato una fase di grande trasformazione nel campo della telefonia mobile, caratterizzata dall'emergere dei telefoni multimediali. Questi dispositivi non solo permettevano di effettuare chiamate e inviare messaggi, ma integravano una serie di funzionalità avanzate che hanno rivoluzionato il modo in cui le persone utilizzavano i loro telefoni. Dal 2000 al 2007, la tecnologia mobile ha fatto passi da gigante, introducendo innovazioni che hanno preparato il terreno per l'era degli smartphone.

I Primi Telefoni Multimediali

All'inizio degli anni 2000, i telefoni cellulari iniziarono a includere fotocamere, lettori MP3 e capacità di navigazione web. Uno dei primi dispositivi a segnare questa tendenza fu il Nokia 7650, lanciato nel 2002, che combinava una fotocamera integrata con un sistema operativo Symbian. Questo telefono rappresentava un notevole passo avanti rispetto ai modelli precedenti, offrendo una maggiore versatilità e funzionalità.

La Fotografia Mobile

L'introduzione delle fotocamere nei telefoni cellulari cambiò radicalmente il modo di catturare e condividere immagini. Nel 2003, il Sony Ericsson T610 offriva una fotocamera a colori di alta qualità e uno schermo a colori, migliorando significativamente l'esperienza utente. Questa tendenza continuò con dispositivi come il Nokia N95, lanciato nel 2007, che vantava una fotocamera da 5 megapixel, GPS integrato e capacità di riproduzione video, consolidando la transizione verso dispositivi multimediali avanzati.

L'Avvento della Connettività Internet

Con l'aumento della connettività mobile, l'accesso a internet divenne una caratteristica sempre più importante nei telefoni cellulari. La tecnologia GPRS (General Packet Radio Service), seguita da EDGE (Enhanced Data rates for GSM Evolution), permise una navigazione web più veloce e una migliore gestione delle email. L'introduzione delle reti 3G all'inizio degli anni 2000 portò a un ulteriore miglioramento delle velocità di trasmissione dati, consentendo streaming video e download di contenuti multimediali direttamente sui telefoni.

I Sistemi Operativi Avanzati

Durante questo periodo, i sistemi operativi per telefoni cellulari divennero sempre più sofisticati. Symbian, Windows Mobile e BlackBerry OS erano tra i più diffusi, ciascuno offrendo una serie di applicazioni e servizi che estendevano le capacità dei dispositivi mobili. Questi sistemi operativi permettevano agli utenti di personalizzare i loro telefoni con applicazioni di terze parti, giochi e strumenti di produttività.

L'Espansione delle Funzionalità Multimediali

I telefoni cellulari divennero sempre più potenti, integrando funzioni multimediali avanzate come lettori MP3, radio FM e supporto per video in streaming. Modelli come il Sony Ericsson Walkman series si concentrarono sulla qualità della riproduzione musicale, diventando popolari tra gli appassionati di musica. Allo stesso tempo, dispositivi come il Motorola RAZR, con il suo design ultrasottile e il supporto multimediale, ridefinirono l'estetica e la funzionalità dei telefoni cellulari.

L'Impatto Culturale e Sociale

L'adozione di telefoni multimediali ebbe un impatto significativo sulla cultura popolare e sul comportamento sociale. La possibilità di scattare foto e registrare video in qualsiasi momento portò alla condivisione immediata di momenti personali, mentre l'accesso costante a internet cambiò il modo in cui le persone consumavano informazioni e intrattenimento. I telefoni cellulari divennero strumenti essenziali per la comunicazione, il lavoro e il tempo libero.

Verso l'Era degli Smartphone

Alla fine del 2007, l'industria della telefonia mobile era pronta per un'altra rivoluzione. L'introduzione dell'iPhone da parte di Apple segnò l'inizio di una nuova era, con un dispositivo che combinava un'interfaccia touch innovativa, un potente sistema operativo e un ecosistema di applicazioni senza precedenti. Questo evento rappresentava la naturale evoluzione dei progressi fatti durante l'era dei telefoni multimediali, ponendo le basi per la moderna esperienza smartphone.

Dal 2000 al 2007, i telefoni cellulari si trasformarono da semplici strumenti di comunicazione a dispositivi multimediali completi. L'integrazione di fotocamere, lettori musicali e connettività Internet cambiò profondamente l'uso e l'importanza dei telefoni mobili nella vita quotidiana, preparando il terreno per l'avvento degli smartphone che avrebbero dominato il decennio successivo.

Di seguito alcuni dei modelli più influenti ed apprezzati dal 2000 al 2007.

13-Nokia 3310 (2000)

Il Nokia 3310, lanciato nel 2000, è uno dei telefoni cellulari più iconici e riconoscibili di tutti i tempi. Con oltre 126 milioni di unità vendute, il 3310 è noto per la sua incredibile robustezza, durata della batteria e semplicità d'uso. Questo dispositivo pesava circa 133 grammi e disponeva di un design compatto che lo rendeva facile da trasportare e maneggiare.

La storia del Nokia 3310 è una storia di successo globale. Nokia progettò questo telefono per essere accessibile, affidabile e adatto a una vasta gamma di utenti. Una delle sue caratteristiche più amate era il gioco Snake II, che divenne un fenomeno culturale e introdusse milioni di persone al gaming mobile. Inoltre, il 3310 includeva funzionalità come la composizione rapida, un calendario, una calcolatrice e la possibilità di inviare e ricevere SMS.

Una curiosità interessante sul Nokia 3310 è la sua fama di "indistruttibilità". Gli utenti spesso raccontavano storie di come il loro 3310 fosse sopravvissuto a cadute, urti e persino immersioni accidentali nell'acqua. Questo telefono è diventato un simbolo di resistenza e affidabilità, caratteristiche che hanno contribuito alla sua lunga popolarità. Inoltre, il 3310 era uno dei primi telefoni a permettere agli utenti di personalizzare le suonerie, una caratteristica che aggiungeva un tocco personale all'esperienza d'uso. Il Nokia 3310 rimane uno dei telefoni cellulari più amati e ricordati di sempre, un vero classico nella storia della tecnologia mobile.

14-Ericsson R380 (2000)

L'Ericsson R380, lanciato nel 2000, è stato uno dei primi dispositivi a essere definito uno smartphone. Questo telefono combinava le funzionalità di un PDA con quelle di un telefono cellulare, offrendo agli utenti un'ampia gamma di applicazioni e servizi avanzati. Il R380 pesava circa 164 grammi e presentava un design innovativo con un flip cover che nascondeva una tastiera QWERTY completa.

La storia dell'Ericsson R380 è strettamente legata all'evoluzione degli smartphone. Ericsson cercava di creare un dispositivo che potesse gestire e-mail, navigare sul web e gestire contatti e appuntamenti, tutto in un unico dispositivo compatto. Il R380 utilizzava il sistema operativo Symbian, che permetteva una maggiore flessibilità e capacità di personalizzazione rispetto ai telefoni tradizionali.

Una curiosità interessante sull'Ericsson R380 è che fu il primo dispositivo a essere ufficialmente denominato "smartphone" dalla rivista InfoWorld. Questo riconoscimento rifletteva l'innovazione e l'avanguardia tecnologica del R380, che anticipava molte delle funzionalità che oggi diamo per scontate negli smartphone. Inoltre, il R380 era uno dei primi telefoni a includere un touchscreen, sebbene fosse resistivo e richiedesse l'uso di uno stilo. Questo dispositivo rappresenta un passo significativo nella storia della telefonia mobile, dimostrando il potenziale della convergenza tra telefoni e computer portatili.

15-Kyocera QCP6035 (2001)

Il Kyocera QCP6035, lanciato nel 2001, è stato uno dei primi telefoni cellulari a combinare le funzionalità di un PDA con quelle di un telefono mobile, offrendo un'ampia gamma di servizi avanzati per gli utenti professionali. Questo dispositivo pesava circa 210 grammi e utilizzava il sistema operativo Palm OS, che permetteva agli utenti di gestire e-mail, contatti, calendari e applicazioni direttamente dal loro telefono.

La storia del Kyocera QCP6035 è un esempio di come la tecnologia stesse rapidamente evolvendo per soddisfare le esigenze dei professionisti in movimento. Kyocera, riconoscendo il crescente bisogno di dispositivi multifunzionali, sviluppò il QCP6035 per offrire una soluzione all-in-one che combinasse le migliori caratteristiche di un telefono cellulare e di un PDA. Il dispositivo includeva una tastiera QWERTY completa e un display touchscreen, rendendolo facile da usare per la gestione dei dati e delle comunicazioni.

Una curiosità interessante sul Kyocera QCP6035 è che fu uno dei primi telefoni cellulari a offrire la sincronizzazione con il software desktop, permettendo agli utenti di mantenere aggiornati i loro dati tra il telefono e il computer. Inoltre, il QCP6035 supportava la navigazione web tramite il browser Blazer, uno dei primi browser mobili disponibili. Questo dispositivo rappresenta un importante passo avanti nella storia della telefonia mobile, mostrando come la tecnologia stesse evolvendo per offrire soluzioni più integrate e funzionali per gli utenti professionali.

16-Sony Ericsson T68i (2001)

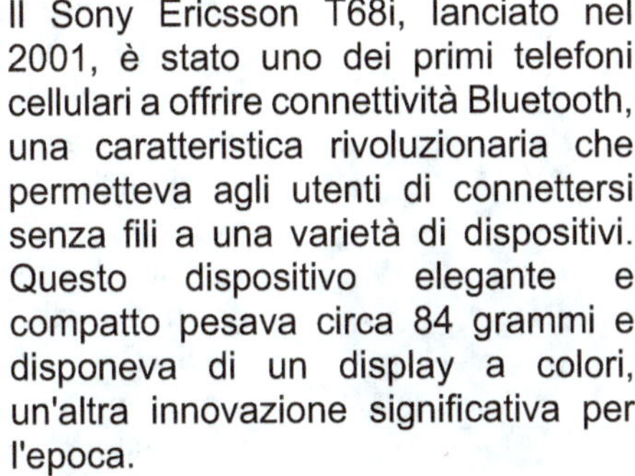

Il Sony Ericsson T68i, lanciato nel 2001, è stato uno dei primi telefoni cellulari a offrire connettività Bluetooth, una caratteristica rivoluzionaria che permetteva agli utenti di connettersi senza fili a una varietà di dispositivi. Questo dispositivo elegante e compatto pesava circa 84 grammi e disponeva di un display a colori, un'altra innovazione significativa per l'epoca.

La storia del Sony Ericsson T68i è un esempio di come l'industria della telefonia mobile stesse rapidamente evolvendo per offrire nuove funzionalità e miglioramenti tecnologici. Sony Ericsson, una joint venture tra Sony e Ericsson, sviluppò il T68i per competere nel crescente mercato dei telefoni cellulari. Il telefono includeva funzionalità avanzate come la messaggistica multimediale (MMS), una rubrica telefonica completa e la possibilità di personalizzare le suonerie e gli sfondi.

Una curiosità interessante sul Sony Ericsson T68i è che fu uno dei primi telefoni cellulari a supportare le comunicazioni GPRS (General Packet Radio Service), permettendo agli utenti di accedere a Internet con velocità di dati più elevate rispetto ai precedenti standard GSM. Inoltre, il T68i era noto per la sua interfaccia utente intuitiva e per la possibilità di aggiornare il software del telefono, un concetto relativamente nuovo all'epoca. Questo dispositivo rappresenta un punto di svolta nella storia della telefonia mobile, introducendo molte delle funzionalità che sarebbero diventate standard nei telefoni cellulari successivi.

17-BlackBerry 5810 (2002)

Il BlackBerry 5810, lanciato nel 2002, è stato uno dei primi dispositivi BlackBerry a offrire funzionalità di telefono cellulare oltre alle classiche funzioni di e-mail e messaggistica che avevano reso famosa l'azienda. Questo dispositivo pesava circa 137 grammi e disponeva di una tastiera QWERTY completa, rendendolo ideale per gli utenti business che necessitavano di gestire e-mail e comunicazioni in movimento.

La storia del BlackBerry 5810 è strettamente legata all'ascesa di BlackBerry come leader nella comunicazione mobile per i professionisti. RIM (Research In Motion), l'azienda dietro BlackBerry, sviluppò il 5810 per offrire una soluzione integrata che combinasse le funzioni di un telefono cellulare con quelle di un dispositivo di messaggistica avanzato. Il 5810 includeva funzionalità come la sincronizzazione e-mail in tempo reale, la gestione dei contatti e del calendario e l'accesso a Internet.

Una curiosità interessante sul BlackBerry 5810 è che, sebbene fosse uno dei primi dispositivi a includere funzionalità di telefono cellulare, richiedeva l'uso di un auricolare per effettuare e ricevere chiamate, poiché non aveva un altoparlante integrato. Questo limitava in parte la sua praticità come telefono cellulare, ma non ne diminuiva l'attrattiva per gli utenti business. Il BlackBerry 5810 rappresenta un'importante pietra miliare nella storia della tecnologia mobile, segnando l'inizio dell'era degli smartphone come strumenti indispensabili per la produttività e la comunicazione.

18-Nokia 7650 (2002)

Il Nokia 7650, lanciato nel 2002, è stato uno dei primi telefoni cellulari a includere una fotocamera integrata, segnando l'inizio dell'era della fotografia mobile. Questo dispositivo pesava circa 154 grammi e disponeva di un display a colori, una tastiera scorrevole e una fotocamera VGA, permettendo agli utenti di scattare foto e inviarle via MMS (Multimedia Messaging Service).

La storia del Nokia 7650 è un esempio di come Nokia stesse guidando l'innovazione nel mercato della telefonia mobile. Con il 7650, Nokia cercava di offrire un dispositivo che combinasse funzionalità avanzate con un design elegante e pratico. Il telefono utilizzava il sistema operativo Symbian, che permetteva una maggiore flessibilità e capacità di personalizzazione rispetto ai telefoni tradizionali.

Una curiosità interessante sul Nokia 7650 è che fu uno dei primi telefoni cellulari a essere ampiamente utilizzato per la fotografia mobile, un concetto che sarebbe diventato una delle caratteristiche principali degli smartphone moderni. La fotocamera integrata permetteva agli utenti di catturare momenti speciali e condividerli immediatamente con amici e familiari, cambiando per sempre il modo in cui le persone interagivano con la tecnologia mobile. Il Nokia 7650 rappresenta un'importante pietra miliare nella storia della telefonia mobile, introducendo molte delle funzionalità che oggi consideriamo essenziali nei telefoni cellulari.

19-Sony Ericsson P800 (2002)

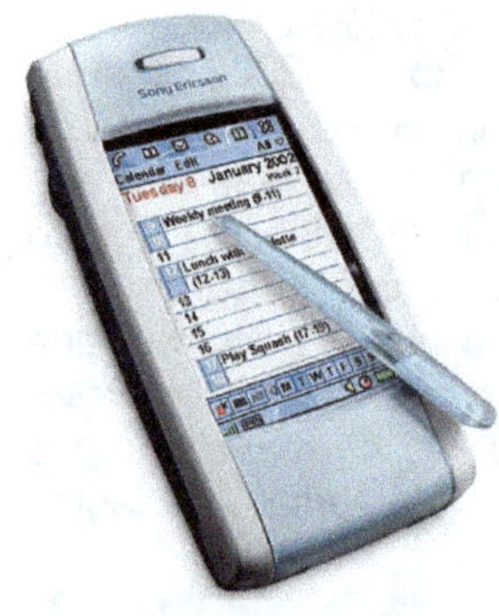

Il Sony Ericsson P800, lanciato nel 2002, è stato uno dei primi telefoni cellulari a combinare le funzionalità di uno smartphone con quelle di un PDA, offrendo una vasta gamma di servizi avanzati per gli utenti professionali. Questo dispositivo pesava circa 158 grammi e disponeva di un display touchscreen a colori, una tastiera virtuale e una fotocamera integrata, rendendolo uno dei dispositivi più avanzati del suo tempo.

La storia del Sony Ericsson P800 è strettamente legata all'evoluzione degli smartphone come strumenti di produttività e comunicazione. Sony Ericsson, una joint venture tra Sony e Ericsson, sviluppò il P800 per competere nel crescente mercato degli smartphone, offrendo funzionalità avanzate come l'accesso a Internet, la gestione e-mail, il supporto per documenti e la sincronizzazione con il PC. Il dispositivo utilizzava il sistema operativo Symbian, che permetteva una maggiore flessibilità e capacità di personalizzazione.

Una curiosità interessante sul Sony Ericsson P800 è che fu uno dei primi telefoni cellulari a includere una fotocamera con una risoluzione VGA, permettendo agli utenti di scattare foto e inviarle via MMS. Inoltre, il P800 supportava la connettività Bluetooth, permettendo agli utenti di collegarsi senza fili a una varietà di dispositivi. Questo dispositivo rappresenta un importante passo avanti nella storia della tecnologia mobile, mostrando come la convergenza tra telefoni cellulari e PDA stesse rapidamente evolvendo per offrire soluzioni più integrate e funzionali per gli utenti professionali.

20-Nokia 3650 (2002)

Il Nokia 3650, lanciato nel 2002, è stato uno dei primi telefoni cellulari a combinare una fotocamera integrata con un design innovativo e funzionalità avanzate. Questo dispositivo pesava circa 130 grammi e disponeva di una tastiera circolare unica, un display a colori e una fotocamera VGA, permettendo agli utenti di scattare foto e inviarle via MMS.

La storia del Nokia 3650 è un esempio di come Nokia stesse spingendo i confini del design e della funzionalità nei telefoni cellulari. Il design distintivo del 3650, con la sua tastiera circolare, attirò l'attenzione dei consumatori e divenne rapidamente un simbolo di innovazione. Il telefono utilizzava il sistema operativo Symbian, che permetteva una maggiore flessibilità e capacità di personalizzazione rispetto ai telefoni tradizionali.

Una curiosità interessante sul Nokia 3650 è che fu uno dei primi telefoni cellulari a includere funzionalità di video recording, permettendo agli utenti di catturare non solo foto ma anche brevi videoclip. Inoltre, il 3650 supportava la connettività Bluetooth e la sincronizzazione con il PC, offrendo agli utenti un'esperienza di utilizzo integrata e versatile. Questo dispositivo rappresenta un importante passo avanti nella storia della telefonia mobile, introducendo molte delle funzionalità che oggi consideriamo essenziali nei telefoni cellulari.

21-Nokia N-Gage (2003)

Il Nokia N-Gage, lanciato nel 2003, è stato uno dei primi tentativi di combinare un telefono cellulare con una console di gioco portatile. Questo dispositivo innovativo, che pesava circa 137 grammi, era dotato di un design distintivo che ricordava un gamepad, con pulsanti di gioco dedicati e uno schermo a colori di dimensioni generose per l'epoca.

La storia del Nokia N-Gage è un esempio di come Nokia stesse cercando di espandere le funzionalità dei telefoni cellulari per attirare nuovi segmenti di mercato. L'N-Gage fu progettato per competere con la popolare console Game Boy Advance di Nintendo, offrendo agli utenti la possibilità di giocare a giochi di alta qualità oltre a effettuare chiamate e inviare messaggi. Nonostante le buone intenzioni, il dispositivo non ebbe il successo sperato, in parte a causa del design poco pratico per le chiamate e della necessità di rimuovere la batteria per cambiare i giochi.

Una curiosità interessante sul Nokia N-Gage è che, nonostante il suo scarso successo commerciale, ha guadagnato uno status di culto tra i collezionisti e gli appassionati di tecnologia. Il dispositivo disponeva di una libreria di giochi piuttosto ampia, con titoli come "Tomb Raider" e "Tony Hawk's Pro Skater". Inoltre, l'N-Gage introdusse alcune innovazioni che sarebbero state riprese in dispositivi successivi, come il supporto per il multiplayer tramite Bluetooth. Il Nokia N-Gage rappresenta un capitolo affascinante e audace nella storia della telefonia mobile e dei giochi portatili.

22-Motorola RAZR V3 (2004)

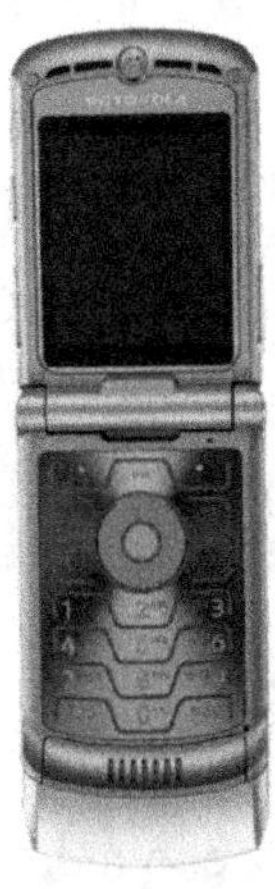

Ill Motorola RAZR V3, lanciato nel 2004, è uno dei telefoni cellulari più iconici e stilisticamente influenti della storia. Con il suo design ultra-sottile e il corpo in metallo, il RAZR V3 ridefinì l'estetica dei telefoni cellulari, diventando un simbolo di moda e innovazione tecnologica. Il dispositivo pesava solo 95 grammi e disponeva di un display a colori esterno e uno interno, oltre a una fotocamera integrata.

La storia del Motorola RAZR V3 è una storia di design e successo commerciale. Motorola, desiderosa di riconquistare il mercato della telefonia mobile, sviluppò il RAZR V3 come un telefono di punta che combinasse eleganza e funzionalità. Il design sottile e pieghevole del RAZR V3 attirò immediatamente l'attenzione dei consumatori, rendendolo uno dei telefoni più venduti degli anni 2000.

Una curiosità interessante sul Motorola RAZR V3 è che fu uno dei primi telefoni a essere commercializzato pesantemente attraverso campagne di marketing e collaborazioni con celebrità. Questo approccio contribuì a creare un'aura di esclusività e desiderabilità intorno al dispositivo. Inoltre, il successo del RAZR V3 portò Motorola a sviluppare una serie di successori e varianti, cementando la sua posizione nel mercato della telefonia mobile. Il Motorola RAZR V3 rimane un'icona del design e dell'innovazione, influenzando ancora oggi i telefoni cellulari moderni.

23-BlackBerry 7210 (2003)

Il BlackBerry 7210, lanciato nel 2003, rappresenta uno dei primi telefoni cellulari BlackBerry a offrire un display a colori, segnando un importante passo avanti nella tecnologia mobile. Questo dispositivo pesava circa 136 grammi e disponeva di una tastiera QWERTY completa, rendendolo ideale per gli utenti business che necessitavano di gestire e-mail e comunicazioni in movimento.

La storia del BlackBerry 7210 è strettamente legata all'ascesa di BlackBerry come leader nella comunicazione mobile per i professionisti. RIM (Research In Motion), l'azienda dietro BlackBerry, sviluppò il 7210 per offrire una soluzione integrata che combinasse le funzioni di un telefono cellulare con quelle di un dispositivo di messaggistica avanzato. Il 7210 includeva funzionalità come la sincronizzazione e-mail in tempo reale, la gestione dei contatti e del calendario e l'accesso a Internet.

Una curiosità interessante sul BlackBerry 7210 è che fu uno dei primi dispositivi a supportare le comunicazioni GPRS (General Packet Radio Service), permettendo agli utenti di accedere a Internet con velocità di dati più elevate rispetto ai precedenti standard GSM. Inoltre, il 7210 era noto per la sua durata della batteria eccezionale, che permetteva giorni di uso continuo con una singola carica. Questo dispositivo rappresenta un'importante pietra miliare nella storia della tecnologia mobile, segnando l'inizio dell'era degli smartphone come strumenti indispensabili per la produttività e la comunicazione.

24-Nokia 6600 (2003)

Il Nokia 6600, lanciato nel 2003, è stato uno dei telefoni cellulari più avanzati e popolari del suo tempo. Questo dispositivo pesava circa 122 grammi e disponeva di un display a colori, una fotocamera VGA integrata e una serie di funzionalità avanzate come il supporto per la connettività Bluetooth e l'accesso a Internet.

La storia del Nokia 6600 è un esempio di come Nokia stesse guidando l'innovazione nel mercato della telefonia mobile. Il 6600 utilizzava il sistema operativo Symbian, che permetteva una maggiore flessibilità e capacità di personalizzazione rispetto ai telefoni tradizionali. Il telefono era progettato per essere un dispositivo versatile e potente, adatto sia per l'uso personale che professionale.

Una curiosità interessante sul Nokia 6600 è che fu uno dei primi telefoni cellulari a includere una fotocamera con capacità di registrazione video, permettendo agli utenti di catturare non solo foto ma anche brevi videoclip. Inoltre, il 6600 supportava una vasta gamma di applicazioni e giochi, offrendo un'esperienza utente completa e coinvolgente. Questo dispositivo rappresenta un importante passo avanti nella storia della telefonia mobile, introducendo molte delle funzionalità che oggi consideriamo essenziali nei telefoni cellulari.

25-Palm Treo 600 (2003)

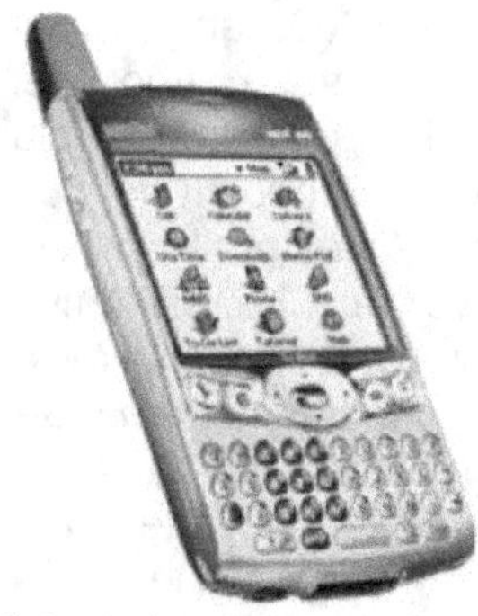

Il Palm Treo 600, lanciato nel 2003, è stato uno dei primi smartphone a combinare le funzionalità di un telefono cellulare con quelle di un PDA (Personal Digital Assistant), offrendo una vasta gamma di servizi avanzati per gli utenti professionali. Questo dispositivo pesava circa 168 grammi e disponeva di un display touchscreen, una tastiera QWERTY completa e una fotocamera integrata.

La storia del Palm Treo 600 è strettamente legata all'evoluzione degli smartphone come strumenti di produttività e comunicazione. Palm, riconoscendo il crescente bisogno di dispositivi multifunzionali, sviluppò il Treo 600 per offrire una soluzione all-in-one che combinasse le migliori caratteristiche di un telefono cellulare e di un PDA. Il dispositivo utilizzava il sistema operativo Palm OS, che permetteva agli utenti di gestire e-mail, contatti, calendari e applicazioni direttamente dal loro telefono.

Una curiosità interessante sul Palm Treo 600 è che fu uno dei primi telefoni cellulari a includere una fotocamera con capacità di registrazione video, permettendo agli utenti di catturare non solo foto ma anche brevi videoclip. Inoltre, il Treo 600 supportava la connettività Bluetooth e la sincronizzazione con il PC, offrendo agli utenti un'esperienza di utilizzo integrata e versatile. Questo dispositivo rappresenta un importante passo avanti nella storia della tecnologia mobile, mostrando come la convergenza tra telefoni cellulari e PDA stesse rapidamente evolvendo per offrire soluzioni più integrate e funzionali per gli utenti professionali.

26-Nokia 6230 (2004)

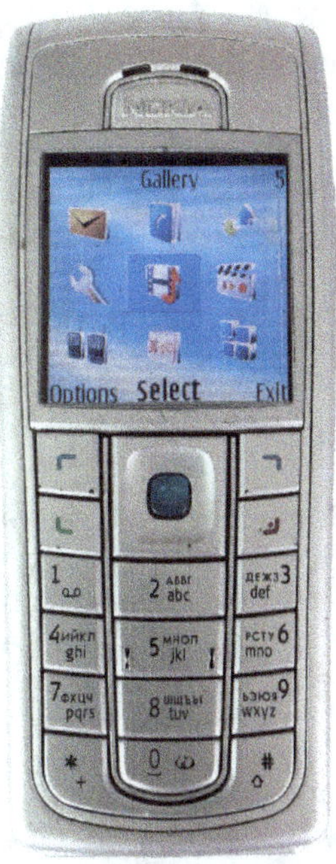

Il Nokia 6230, lanciato nel 2004, è stato uno dei telefoni cellulari più popolari e versatili della sua epoca. Questo dispositivo pesava circa 97 grammi e disponeva di un display a colori, una fotocamera VGA integrata e una serie di funzionalità avanzate come il supporto per la connettività Bluetooth e la possibilità di riprodurre file multimediali.

La storia del Nokia 6230 è un esempio di come Nokia stesse cercando di offrire un dispositivo che combinasse funzionalità avanzate con un design compatto e pratico. Il 6230 utilizzava il sistema operativo Series 40, che permetteva una maggiore flessibilità e capacità di personalizzazione rispetto ai telefoni tradizionali. Il telefono era progettato per essere un dispositivo versatile e potente, adatto sia per l'uso personale che professionale.

Una curiosità interessante sul Nokia 6230 è che fu uno dei primi telefoni cellulari a includere una radio FM integrata, permettendo agli utenti di ascoltare la musica e le notizie in movimento. Inoltre, il 6230 supportava una vasta gamma di formati multimediali, inclusi MP3 e AAC, offrendo un'esperienza utente completa e coinvolgente. Questo dispositivo rappresenta un importante passo avanti nella storia della telefonia mobile, introducendo molte delle funzionalità che oggi consideriamo essenziali nei telefoni cellulari.

27-Sony Ericsson K750i (2005)

Il Sony Ericsson K750i, lanciato nel 2005, è stato uno dei telefoni cellulari più avanzati e popolari della sua epoca. Questo dispositivo pesava circa 99 grammi e disponeva di una fotocamera da 2 megapixel, un display a colori ad alta risoluzione e una serie di funzionalità avanzate come il supporto per la connettività Bluetooth e la possibilità di riprodurre file multimediali.

La storia del Sony Ericsson K750i è un esempio di come Sony Ericsson stesse cercando di offrire un dispositivo che combinasse funzionalità avanzate con un design elegante e pratico. Il K750i utilizzava il sistema operativo proprietario di Sony Ericsson, che permetteva una maggiore flessibilità e capacità di personalizzazione rispetto ai telefoni tradizionali. Il telefono era progettato per essere un dispositivo versatile e potente, adatto sia per l'uso personale che professionale.

Una curiosità interessante sul Sony Ericsson K750i è che fu uno dei primi telefoni cellulari a includere una fotocamera con autofocus, permettendo agli utenti di scattare foto di alta qualità con facilità. Inoltre, il K750i supportava una vasta gamma di formati multimediali, inclusi MP3 e AAC, offrendo un'esperienza utente completa e coinvolgente. Questo dispositivo rappresenta un importante passo avanti nella storia della telefonia mobile, introducendo molte delle funzionalità che oggi consideriamo essenziali nei telefoni cellulari.

28-HTC Universal (2005)

L'HTC Universal, lanciato nel 2005, è stato uno dei primi dispositivi a essere definito un "super smartphone". Questo dispositivo innovativo, che pesava circa 210 grammi, disponeva di un display touchscreen rotante, una tastiera QWERTY completa e il supporto per la connettività 3G, permettendo agli utenti di accedere a Internet ad alta velocità.

La storia dell'HTC Universal è strettamente legata all'evoluzione degli smartphone come strumenti di produttività e comunicazione. HTC, riconoscendo il crescente bisogno di dispositivi multifunzionali, sviluppò l'Universal per offrire una soluzione all-in-one che combinasse le migliori caratteristiche di un telefono cellulare e di un PDA. Il dispositivo utilizzava il sistema operativo Windows Mobile, che permetteva una maggiore flessibilità e capacità di personalizzazione rispetto ai telefoni tradizionali.

Una curiosità interessante sull'HTC Universal è che fu uno dei primi telefoni cellulari a includere una fotocamera frontale, permettendo agli utenti di effettuare videochiamate, una funzionalità che sarebbe diventata standard nei dispositivi successivi. Inoltre, l'Universal supportava una vasta gamma di formati multimediali, inclusi MP3 e AAC, offrendo un'esperienza utente completa e coinvolgente. Questo dispositivo rappresenta un importante passo avanti nella storia della tecnologia mobile, mostrando come la convergenza tra telefoni cellulari e PDA stesse rapidamente evolvendo per offrire soluzioni più integrate e funzionali per gli utenti professionali.

29-Motorola Q (2005)

Il Motorola Q, lanciato nel 2005, è stato uno dei primi smartphone a offrire una tastiera QWERTY completa in un design sottile e compatto. Questo dispositivo, che pesava circa 115 grammi, era progettato per competere con i popolari dispositivi BlackBerry, offrendo funzionalità avanzate per la gestione delle e-mail e delle comunicazioni in movimento.

La storia del Motorola Q è un esempio di come Motorola stesse cercando di riconquistare il mercato della telefonia mobile, offrendo un dispositivo che combinasse funzionalità avanzate con un design elegante e pratico. Il Q utilizzava il sistema operativo Windows Mobile, che permetteva una maggiore flessibilità e capacità di personalizzazione rispetto ai telefoni tradizionali. Il telefono era progettato per essere un dispositivo versatile e potente, adatto sia per l'uso personale che professionale.

Una curiosità interessante sul Motorola Q è che fu uno dei primi telefoni cellulari a includere il supporto per le reti CDMA e GSM, permettendo agli utenti di utilizzarlo in diverse parti del mondo. Inoltre, il Q supportava una vasta gamma di formati multimediali, inclusi MP3 e AAC, offrendo un'esperienza utente completa e coinvolgente. Questo dispositivo rappresenta un importante passo avanti nella storia della telefonia mobile, introducendo molte delle funzionalità che oggi consideriamo essenziali nei telefoni cellulari.

30-Nokia N90 (2005)

Il Nokia N90, lanciato nel 2005, è stato uno dei primi telefoni della serie N di Nokia, una linea di dispositivi progettati per offrire funzionalità multimediali avanzate. Questo dispositivo pesava circa 173 grammi e disponeva di una fotocamera da 2 megapixel con ottica Carl Zeiss, un display a colori ad alta risoluzione e un design a conchiglia con un meccanismo di rotazione.

La storia del Nokia N90 è un esempio di come Nokia stesse cercando di spingere i confini del design e della funzionalità nei telefoni cellulari. Il N90 utilizzava il sistema operativo Symbian, che permetteva una maggiore flessibilità e capacità di personalizzazione rispetto ai telefoni tradizionali. Il telefono era progettato per essere un dispositivo versatile e potente, adatto sia per l'uso personale che professionale.

Una curiosità interessante sul Nokia N90 è che fu uno dei primi telefoni cellulari a includere una fotocamera con ottica Carl Zeiss, permettendo agli utenti di scattare foto di alta qualità con facilità. Inoltre, il N90 supportava una vasta gamma di formati multimediali, inclusi MP3 e AAC, offrendo un'esperienza utente completa e coinvolgente. Questo dispositivo rappresenta un importante passo avanti nella storia della telefonia mobile, introducendo molte delle funzionalità che oggi consideriamo essenziali nei telefoni cellulari.

31-BlackBerry Pearl 8100 (2006)

Il BlackBerry Pearl 8100, lanciato nel 2006, è stato uno dei primi tentativi di RIM (Research In Motion) di combinare le funzionalità di uno smartphone BlackBerry con un design più elegante e compatto, rivolto a un pubblico più ampio. Questo dispositivo pesava circa 89 grammi e disponeva di una fotocamera da 1,3 megapixel, un display a colori e il supporto per la connettività EDGE.

La storia del BlackBerry Pearl 8100 è un esempio di come RIM stesse cercando di espandere il suo mercato oltre i professionisti business, attrarre anche utenti più giovani e alla moda. Il Pearl 8100 è stato il primo BlackBerry a includere un lettore multimediale e uno slot per schede microSD, permettendo agli utenti di archiviare e riprodurre musica e video. Inoltre, il Pearl 8100 presentava il sistema SureType di BlackBerry, che combinava i tasti delle lettere per risparmiare spazio, pur mantenendo l'efficienza della digitazione.

Una curiosità interessante sul BlackBerry Pearl 8100 è che fu uno dei primi smartphone a essere disponibile in una varietà di colori, rendendolo un accessorio di moda oltre che uno strumento di produttività. Inoltre, il Pearl 8100 includeva la tecnologia trackball, una novità per l'epoca, che permetteva una navigazione facile e intuitiva tra i menu e le applicazioni. Questo dispositivo rappresenta un'importante evoluzione nella storia dei BlackBerry, dimostrando la capacità di RIM di innovare e adattarsi alle esigenze di un mercato in continua evoluzione.

32-Nokia N95 (2006)

Il Nokia N95, lanciato nel 2006, è stato uno dei telefoni cellulari più avanzati e influenti della sua epoca. Questo dispositivo pesava circa 120 grammi e disponeva di una fotocamera da 5 megapixel con ottica Carl Zeiss, un display a colori ad alta risoluzione e un design a scorrimento doppio che rivelava sia una tastiera numerica che i controlli multimediali.

La storia del Nokia N95 è un esempio di come Nokia stesse cercando di spingere i confini del design e della funzionalità nei telefoni cellulari. Il N95 utilizzava il sistema operativo Symbian, che permetteva una maggiore flessibilità e capacità di personalizzazione rispetto ai telefoni tradizionali. Il telefono era progettato per essere un dispositivo versatile e potente, adatto sia per l'uso personale che professionale.

Una curiosità interessante sul Nokia N95 è che fu uno dei primi telefoni cellulari a includere la funzionalità GPS integrata, permettendo agli utenti di navigare e ottenere indicazioni direttamente dal loro telefono. Inoltre, il N95 supportava una vasta gamma di formati multimediali, inclusi MP3 e AAC, offrendo un'esperienza utente completa e coinvolgente. Questo dispositivo rappresenta un importante passo avanti nella storia della telefonia mobile, introducendo molte delle funzionalità che oggi consideriamo essenziali nei telefoni cellulari.

33-Samsung SGH-D900 (2006)

Il Samsung SGH-D900, lanciato nel 2006, è stato uno dei telefoni cellulari più sottili e leggeri della sua epoca. Questo dispositivo pesava circa 93 grammi e disponeva di una fotocamera da 3,15 megapixel, un display a colori ad alta risoluzione e un design a scorrimento elegante e compatto.

La storia del Samsung SGH-D900 è un esempio di come Samsung stesse cercando di distinguersi nel mercato della telefonia mobile attraverso il design e l'innovazione. Il D900 utilizzava un'interfaccia utente intuitiva e offriva una serie di funzionalità avanzate come il supporto per la connettività Bluetooth, la riproduzione multimediale e la possibilità di espandere la memoria tramite schede microSD.

Una curiosità interessante sul Samsung SGH-D900 è che fu uno dei primi telefoni cellulari a includere la funzione di riconoscimento vocale, permettendo agli utenti di controllare il telefono con comandi vocali. Inoltre, il D900 era noto per la sua durata della batteria eccezionale e la sua capacità di resistere a cadute e urti, caratteristiche che contribuivano alla sua reputazione di telefono affidabile e robusto. Questo dispositivo rappresenta un importante passo avanti nella storia della telefonia mobile, mostrando come il design e l'innovazione possano andare di pari passo per creare un prodotto di successo.

34-LG Prada (2006)

Il LG Prada, lanciato nel 2006, è stato uno dei primi telefoni cellulari a combinare funzionalità avanzate con un design elegante e alla moda. Questo dispositivo pesava circa 85 grammi e disponeva di un display touchscreen capacitivo, una fotocamera da 2 megapixel e un'interfaccia utente intuitiva e moderna.

La storia del LG Prada è un esempio di come LG stesse cercando di collaborare con marchi di moda per creare dispositivi che fossero non solo funzionali, ma anche esteticamente piacevoli. Il Prada è stato sviluppato in collaborazione con la famosa casa di moda italiana Prada, e il suo design elegante e minimalista rifletteva l'estetica sofisticata del marchio.

Una curiosità interessante sul LG Prada è che fu uno dei primi telefoni cellulari a includere un display touchscreen capacitivo, una tecnologia che sarebbe diventata standard nei telefoni cellulari successivi. Inoltre, il Prada venne lanciato poco prima dell'iPhone di Apple, e molti considerano il suo design e le sue funzionalità come un precursore del moderno smartphone. Questo dispositivo rappresenta un importante capitolo nella storia della telefonia mobile, mostrando come la collaborazione tra tecnologia e moda possa portare a innovazioni significative e prodotti di successo.

La Rivoluzione degli Smartphone: Dal 2007 al 2010

Il periodo dal 2007 al 2010 ha rappresentato un momento cruciale nella storia della tecnologia mobile, segnando l'inizio della rivoluzione degli smartphone. Durante questi anni, l'evoluzione dei telefoni cellulari ha subito un'accelerazione senza precedenti, trasformando profondamente il modo in cui le persone comunicano, lavorano e si intrattengono. Questo periodo ha visto l'emergere di dispositivi che hanno ridefinito l'intera industria e hanno posto le basi per la moderna esperienza mobile.

Il Lancio dell'iPhone: Un Punto di Svolta

Il 29 giugno 2007, Apple ha lanciato il primo iPhone, un dispositivo che avrebbe cambiato per sempre il panorama della telefonia mobile. L'iPhone combinava un design elegante e minimalista con un'interfaccia touch screen innovativa e intuitiva. Il suo sistema operativo, iOS, permetteva agli utenti di interagire con il telefono attraverso gesti naturali come toccare, scorrere e pizzicare. Inoltre, l'App Store, introdotto nel 2008, ha aperto la strada a un ecosistema di applicazioni di terze parti, ampliando enormemente le funzionalità del dispositivo.

La Risposta del Mercato: Android e Altri Competitori

Il successo dell'iPhone ha spinto altre aziende a sviluppare dispositivi simili. Nel 2008, Google ha lanciato il sistema operativo Android con il primo telefono Android, l'HTC Dream (conosciuto anche come T-Mobile G1). Android, a differenza di iOS, era un sistema operativo open source, il che significava che poteva essere utilizzato da vari produttori di hardware, consentendo una vasta gamma di dispositivi con diverse caratteristiche e fasce di prezzo. Questo approccio ha accelerato la diffusione degli smartphone a livello globale.

Innovazioni Tecnologiche

Durante questo periodo, gli smartphone hanno visto numerose innovazioni tecnologiche. I display sono diventati più grandi e con una risoluzione più alta, migliorando l'esperienza visiva. Le fotocamere integrate sono diventate più avanzate, permettendo agli utenti di scattare foto e registrare video di alta qualità. La connettività è stata migliorata con l'introduzione delle reti 3G e l'inizio del 4G, che hanno permesso una navigazione web più veloce e lo streaming di contenuti multimediali.

L'App Economy

Con la crescita dell'App Store di Apple e del Google Play Store, è nata la cosiddetta "app economy". Gli sviluppatori di tutto il mondo hanno iniziato a creare applicazioni per ogni esigenza immaginabile, dalle comunicazioni ai giochi, dalla produttività all'intrattenimento. Questo ha trasformato gli smartphone in strumenti versatili capaci di sostituire molti altri dispositivi e servizi.

L'Impatto Sociale e Culturale

Gli smartphone hanno avuto un impatto profondo sulla società e sulla cultura. La possibilità di essere sempre connessi ha cambiato il modo in cui le persone interagiscono, lavorano e consumano contenuti. I social media, resi accessibili in ogni momento, hanno trasformato le dinamiche delle relazioni personali e professionali. Le app di messaggistica istantanea come WhatsApp e le piattaforme di social networking come Facebook e Twitter hanno permesso una comunicazione immediata e globale.

La Competizione e l'Innovazione

La competizione tra Apple e i produttori di Android ha portato a una rapida innovazione. Ogni nuova generazione di dispositivi introduceva miglioramenti significativi, dalle prestazioni del processore alla durata della batteria, dal design hardware alle funzionalità software. Questa competizione ha spinto l'industria a superare costantemente i propri limiti, portando benefici diretti ai consumatori.

Verso il Futuro

Alla fine del 2010, l'industria degli smartphone era in piena espansione. Apple continuava a raffinare e migliorare l'iPhone, mentre Android stava diventando sempre più dominante con una vasta gamma di dispositivi disponibili sul mercato. Le basi gettate durante questi anni avrebbero continuato a influenzare l'evoluzione della tecnologia mobile, portando a ulteriori innovazioni e trasformazioni negli anni successivi.

Il periodo dal 2007 al 2010 ha segnato una rivoluzione nella telefonia mobile, trasformando i telefoni cellulari in potenti dispositivi multifunzionali. Il lancio dell'iPhone e l'emergere di Android hanno ridefinito le aspettative dei consumatori e aperto nuove possibilità per la tecnologia mobile. Questo periodo ha gettato le basi per il mondo iperconnesso in cui viviamo oggi, cambiando per sempre il modo in cui interagiamo con la tecnologia e tra di noi.

Di seguito alcuni dei modelli più influenti ed apprezzati dal 2007 al 2010.

35-Apple iPhone (2007)

L'Apple iPhone, lanciato nel 2007, è uno dei telefoni cellulari più rivoluzionari e influenti di tutti i tempi. Questo dispositivo pesava circa 135 grammi e disponeva di un display touchscreen capacitivo, una fotocamera da 2 megapixel e un'interfaccia utente basata su iOS, che offriva un'esperienza utente intuitiva e fluida.

La storia dell'Apple iPhone è un esempio di come Apple, sotto la guida di Steve Jobs, stesse cercando di reinventare il telefono cellulare. L'iPhone combinava le funzionalità di un telefono cellulare, un iPod e un dispositivo di navigazione web in un unico dispositivo, offrendo agli utenti un'esperienza di utilizzo completamente nuova. Il lancio dell'iPhone segnò l'inizio dell'era degli smartphone moderni, cambiando per sempre il modo in cui le persone interagiscono con la tecnologia mobile.

Una curiosità interessante sull'Apple iPhone è che fu il primo telefono cellulare a includere un display multi-touch, permettendo agli utenti di interagire con il dispositivo utilizzando gesti come il pinch-to-zoom. Inoltre, l'iPhone introdusse l'App Store, una piattaforma che permetteva agli sviluppatori di creare e distribuire applicazioni, aprendo la strada a un ecosistema di app che oggi conta milioni di applicazioni. Questo dispositivo rappresenta un'importante rivoluzione nella storia della telefonia mobile, introducendo molte delle funzionalità che oggi consideriamo essenziali nei telefoni cellulari.

36-HTC Touch (2007)

L'HTC Touch, lanciato nel 2007, è stato uno dei primi telefoni cellulari a utilizzare un'interfaccia touchscreen capacitiva, offrendo un'esperienza utente intuitiva e moderna. Questo dispositivo pesava circa 112 grammi e disponeva di un display a colori, una fotocamera da 2 megapixel e il supporto per la connettività 3G.

La storia dell'HTC Touch è un esempio di come HTC stesse cercando di competere nel mercato emergente degli smartphone touchscreen. Il Touch utilizzava il sistema operativo Windows Mobile, che permetteva una maggiore flessibilità e capacità di personalizzazione rispetto ai telefoni tradizionali. L'interfaccia TouchFLO di HTC offriva un'esperienza utente unica, con gesti di scorrimento e tocco che facilitavano la navigazione tra le applicazioni.

Una curiosità interessante sull'HTC Touch è che fu uno dei primi telefoni cellulari a includere la tecnologia TouchFLO, che permetteva agli utenti di interagire con il dispositivo utilizzando gesti di scorrimento e tocco. Inoltre, il Touch supportava una vasta gamma di applicazioni e giochi, offrendo un'esperienza utente completa e coinvolgente. Questo dispositivo rappresenta un importante passo avanti nella storia della telefonia mobile, mostrando come l'innovazione nel design e nell'interfaccia utente possa portare a un'esperienza di utilizzo superiore.

37-Nokia E90 Communicator (2007)

Il Nokia E90 Communicator, lanciato nel 2007, è stato uno dei primi telefoni cellulari a combinare le funzionalità di uno smartphone con quelle di un computer portatile. Questo dispositivo pesava circa 210 grammi e disponeva di un display interno e uno esterno, una tastiera QWERTY completa e il supporto per la connettività 3G.

La storia del Nokia E90 Communicator è un esempio di come Nokia stesse cercando di offrire un dispositivo che combinasse funzionalità avanzate con un design pratico e versatile. L'E90 utilizzava il sistema operativo Symbian, che permetteva una maggiore flessibilità e capacità di personalizzazione rispetto ai telefoni tradizionali. Il telefono era progettato per essere un dispositivo versatile e potente, adatto sia per l'uso personale che professionale.

Una curiosità interessante sul Nokia E90 Communicator è che fu uno dei primi telefoni cellulari a includere un display interno widescreen, permettendo agli utenti di visualizzare documenti e pagine web con maggiore facilità. Inoltre, l'E90 supportava una vasta gamma di applicazioni e giochi, offrendo un'esperienza utente completa e coinvolgente. Questo dispositivo rappresenta un importante passo avanti nella storia della telefonia mobile, mostrando come la convergenza tra telefoni cellulari e computer portatili stesse rapidamente evolvendo per offrire soluzioni più integrate e funzionali per gli utenti professionali.

38-Samsung SGH-i900 Omnia (2008)

Il Samsung SGH-i900 Omnia, lanciato nel 2008, è stato uno dei primi telefoni cellulari a combinare funzionalità avanzate con un design elegante e moderno. Questo dispositivo pesava circa 125 grammi e disponeva di un display touchscreen capacitivo, una fotocamera da 5 megapixel e il supporto per la connettività 3G.

La storia del Samsung SGH-i900 Omnia è un esempio di come Samsung stesse cercando di competere nel mercato emergente degli smartphone touchscreen. L'Omnia utilizzava il sistema operativo Windows Mobile, che permetteva una maggiore flessibilità e capacità di personalizzazione rispetto ai telefoni tradizionali. L'interfaccia TouchWiz di Samsung offriva un'esperienza utente unica, con gesti di scorrimento e tocco che facilitavano la navigazione tra le applicazioni.

Una curiosità interessante sul Samsung SGH-i900 Omnia è che fu uno dei primi telefoni cellulari a includere la tecnologia TouchWiz, che permetteva agli utenti di interagire con il dispositivo utilizzando gesti di scorrimento e tocco. Inoltre, l'Omnia supportava una vasta gamma di applicazioni e giochi, offrendo un'esperienza utente completa e coinvolgente. Questo dispositivo rappresenta un importante passo avanti nella storia della telefonia mobile, mostrando come l'innovazione nel design e nell'interfaccia utente possa portare a un'esperienza di utilizzo superiore.

39-HTC Dream (2008)

L'HTC Dream, lanciato nel 2008, è stato il primo smartphone a utilizzare il sistema operativo Android, segnando l'inizio di una nuova era nella tecnologia mobile. Questo dispositivo pesava circa 158 grammi e disponeva di una tastiera QWERTY scorrevole, un display touchscreen capacitivo e una fotocamera da 3,2 megapixel.

La storia dell'HTC Dream è un esempio di come HTC e Google stessero cercando di rivoluzionare il mercato degli smartphone con un sistema operativo open-source e altamente personalizzabile. Android permetteva agli sviluppatori di creare una vasta gamma di applicazioni e servizi, offrendo agli utenti un'esperienza di utilizzo completa e versatile. L'HTC Dream, conosciuto anche come T-Mobile G1 negli Stati Uniti, fu il primo dispositivo a sfruttare queste nuove possibilità.

Una curiosità interessante sull'HTC Dream è che fu uno dei primi telefoni cellulari a includere il supporto per l'Android Market (oggi Google Play Store), permettendo agli utenti di scaricare e installare applicazioni direttamente dal proprio telefono. Inoltre, il Dream supportava una vasta gamma di servizi Google, come Gmail, Google Maps e YouTube, offrendo un'esperienza utente integrata e coinvolgente. Questo dispositivo rappresenta un'importante rivoluzione nella storia della telefonia mobile, introducendo molte delle funzionalità che oggi consideriamo essenziali nei telefoni cellulari.

40-BlackBerry Bold 9000 (2008)

Il BlackBerry Bold 9000, lanciato nel 2008, è stato uno dei telefoni cellulari più avanzati e popolari della sua epoca. Questo dispositivo pesava circa 136 grammi e disponeva di una tastiera QWERTY completa, un display a colori ad alta risoluzione e il supporto per la connettività 3G.

La storia del BlackBerry Bold 9000 è un esempio di come RIM (Research In Motion) stesse cercando di offrire un dispositivo che combinasse funzionalità avanzate con un design elegante e pratico. Il Bold 9000 utilizzava il sistema operativo BlackBerry OS, che permetteva una maggiore flessibilità e capacità di personalizzazione rispetto ai telefoni tradizionali. Il telefono era progettato per essere un dispositivo versatile e potente, adatto sia per l'uso personale che professionale.

Una curiosità interessante sul BlackBerry Bold 9000 è che fu uno dei primi telefoni cellulari a includere il supporto per le reti Wi-Fi, permettendo agli utenti di accedere a Internet con velocità di dati più elevate rispetto ai precedenti standard GSM. Inoltre, il Bold 9000 era noto per la sua durata della batteria eccezionale e la sua capacità di resistere a cadute e urti, caratteristiche che contribuivano alla sua reputazione di telefono affidabile e robusto. Questo dispositivo rappresenta un importante passo avanti nella storia della telefonia mobile, introducendo molte delle funzionalità che oggi consideriamo essenziali nei telefoni cellulari.

41-Apple iPhone 3G (2008)

L'Apple iPhone 3G, lanciato nel 2008, è il secondo modello della serie iPhone e ha segnato un importante passo avanti nell'evoluzione degli smartphone. Questo dispositivo pesava circa 133 grammi e disponeva di un display touchscreen capacitivo da 3,5 pollici, una fotocamera da 2 megapixel e il supporto per la connettività 3G, da cui deriva il suo nome.

La storia dell'Apple iPhone 3G è strettamente legata al successo del primo iPhone e al desiderio di Apple di migliorare l'esperienza utente introducendo nuove funzionalità. L'iPhone 3G utilizzava il sistema operativo iOS 2.0, che includeva l'App Store, una piattaforma che permetteva agli utenti di scaricare e installare applicazioni di terze parti. Questa innovazione ha aperto la strada a un nuovo ecosistema di applicazioni mobili, che ha trasformato radicalmente il modo in cui le persone utilizzano i loro telefoni.

Una curiosità interessante sull'Apple iPhone 3G è che fu uno dei primi telefoni cellulari a supportare la navigazione GPS, permettendo agli utenti di utilizzare mappe e servizi di localizzazione in tempo reale. Inoltre, il design elegante e l'interfaccia utente intuitiva hanno reso l'iPhone 3G estremamente popolare, contribuendo a cementare la reputazione di Apple come leader nell'innovazione tecnologica. Questo dispositivo rappresenta un'importante pietra miliare nella storia della telefonia mobile, introducendo molte delle funzionalità che oggi consideriamo essenziali nei telefoni cellulari.

42-Nokia 5800 XpressMusic (2008)

Il Nokia 5800 XpressMusic, lanciato nel 2008, è stato uno dei primi telefoni touchscreen di Nokia, progettato specificamente per gli amanti della musica. Questo dispositivo pesava circa 109 grammi e disponeva di un display touchscreen resistivo da 3,2 pollici, una fotocamera da 3,2 megapixel con ottica Carl Zeiss e il supporto per la connettività 3G.

La storia del Nokia 5800 XpressMusic è un esempio di come Nokia stesse cercando di rispondere alla crescente domanda di dispositivi multimediali avanzati. Il telefono utilizzava il sistema operativo Symbian S60, che permetteva una maggiore flessibilità e capacità di personalizzazione rispetto ai telefoni tradizionali. Il 5800 XpressMusic era progettato per essere un dispositivo versatile e potente, adatto sia per l'uso personale che per la riproduzione di musica e video.

Una curiosità interessante sul Nokia 5800 XpressMusic è che fu uno dei primi telefoni a includere un connettore audio da 3,5 mm standard, permettendo agli utenti di collegare facilmente le loro cuffie preferite. Inoltre, il telefono veniva fornito con una scheda microSD da 8 GB, offrendo ampio spazio per l'archiviazione di musica e altri contenuti multimediali. Questo dispositivo rappresenta un importante passo avanti nella storia della telefonia mobile, mostrando come la convergenza tra telefoni cellulari e dispositivi multimediali stesse rapidamente evolvendo per offrire soluzioni più integrate e funzionali per gli utenti.

43-Palm Pre (2009)

Il Palm Pre, lanciato nel 2009, è stato uno dei primi smartphone a utilizzare il sistema operativo webOS, sviluppato da Palm. Questo dispositivo pesava circa 135 grammi e disponeva di un display touchscreen capacitivo da 3,1 pollici, una tastiera QWERTY a scorrimento verticale e una fotocamera da 3,2 megapixel con flash LED.

La storia del Palm Pre è un esempio di come Palm stesse cercando di reinventarsi nel mercato degli smartphone, introducendo un nuovo sistema operativo che offrisse un'esperienza utente innovativa. Il webOS era noto per la sua interfaccia utente basata su gesti e la capacità di gestire più applicazioni aperte contemporaneamente (multitasking). Il Palm Pre fu accolto con grande entusiasmo e fu considerato un serio concorrente dell'iPhone di Apple e degli smartphone Android emergenti.

Una curiosità interessante sul Palm Pre è che introdusse la tecnologia di ricarica wireless con l'accessorio opzionale Touchstone, che permetteva di ricaricare il telefono semplicemente posizionandolo su una base di ricarica magnetica. Questo dispositivo rappresenta un importante capitolo nella storia della telefonia mobile, dimostrando come l'innovazione nel design e nelle funzionalità possa offrire un'esperienza utente superiore e contribuire alla competitività nel mercato degli smartphone.

44-Motorola Droid (2009)

Il Motorola Droid, lanciato nel 2009, è stato uno dei primi smartphone a utilizzare il sistema operativo Android di Google e ha giocato un ruolo chiave nell'espansione della piattaforma Android. Questo dispositivo pesava circa 169 grammi e disponeva di un display touchscreen capacitivo da 3,7 pollici, una tastiera QWERTY a scorrimento laterale e una fotocamera da 5 megapixel con flash LED.

La storia del Motorola Droid è strettamente legata alla partnership tra Motorola e Google per promuovere il sistema operativo Android. Il Droid utilizzava Android 2.0, che includeva funzionalità avanzate come la navigazione GPS gratuita con Google Maps Navigation, il supporto per il multitasking e un accesso facile all'Android Market per scaricare applicazioni. Il Motorola Droid fu un successo commerciale e contribuì significativamente alla diffusione di Android come una delle principali piattaforme per smartphone.

Una curiosità interessante sul Motorola Droid è che fu uno dei primi smartphone a essere commercializzato pesantemente tramite campagne pubblicitarie di grande impatto, inclusa una famosa campagna televisiva che prendeva in giro l'iPhone di Apple per le sue limitazioni. Questo dispositivo rappresenta un'importante pietra miliare nella storia della telefonia mobile, dimostrando il potenziale di Android come piattaforma flessibile e potente per gli smartphone.

45-HTC Hero (2009)

L'HTC Hero, lanciato nel 2009, è stato uno dei primi smartphone a utilizzare l'interfaccia utente HTC Sense, che offriva un'esperienza utente personalizzata e intuitiva. Questo dispositivo pesava circa 135 grammi e disponeva di un display touchscreen capacitivo da 3,2 pollici, una fotocamera da 5 megapixel e il supporto per la connettività 3G.

La storia dell'HTC Hero è un esempio di come HTC stesse cercando di distinguersi nel mercato degli smartphone Android offrendo un'interfaccia utente unica e funzionalità avanzate. HTC Sense includeva widget personalizzabili, schermate home multiple e un'ampia gamma di applicazioni preinstallate che miglioravano l'esperienza utente. Il Hero utilizzava Android 1.5 (Cupcake) e ricevette aggiornamenti software che lo mantennero competitivo nel tempo.

Una curiosità interessante sull'HTC Hero è che fu uno dei primi smartphone a includere il supporto per Adobe Flash, permettendo agli utenti di visualizzare contenuti multimediali e interattivi direttamente dal browser web del telefono. Inoltre, il design distintivo del Hero, con la sua forma curva e il mento pronunciato, lo rendeva immediatamente riconoscibile. Questo dispositivo rappresenta un importante passo avanti nella storia della telefonia mobile, mostrando come l'innovazione nell'interfaccia utente possa migliorare significativamente l'esperienza utente complessiva.

46-Apple iPhone 3GS (2009)

L'Apple iPhone 3GS, lanciato nel 2009, è stato il terzo modello della serie iPhone e ha introdotto una serie di miglioramenti significativi rispetto ai suoi predecessori. Questo dispositivo pesava circa 135 grammi e disponeva di un display touchscreen capacitivo da 3,5 pollici, una fotocamera da 3 megapixel con autofocus e la capacità di registrare video.

La storia dell'Apple iPhone 3GS è un esempio di come Apple stesse cercando di migliorare continuamente le prestazioni e le funzionalità dei suoi dispositivi. Il 3GS utilizzava il sistema operativo iOS 3.0, che includeva nuove funzionalità come il copia e incolla, la registrazione video, e l'accesso a Voice Control, un precursore dell'assistente vocale Siri. Il processore più veloce e la maggiore memoria RAM rendevano il 3GS significativamente più rapido e reattivo rispetto ai modelli precedenti.

Una curiosità interessante sull'Apple iPhone 3GS è che fu il primo iPhone a essere offerto in una versione con 32 GB di memoria interna, raddoppiando la capacità massima dei modelli precedenti. Inoltre, il 3GS supportava nuove funzionalità di accessibilità, rendendolo più utilizzabile per persone con disabilità. Questo dispositivo rappresenta un importante passo avanti nella storia della telefonia mobile, dimostrando l'impegno di Apple nell'innovare e migliorare costantemente i suoi prodotti.

47-Samsung Galaxy i7500 (2009)

Il Samsung Galaxy i7500, lanciato nel 2009, è stato il primo smartphone Samsung a utilizzare il sistema operativo Android, segnando l'inizio della popolare serie Galaxy. Questo dispositivo pesava circa 119 grammi e disponeva di un display touchscreen AMOLED da 3,2 pollici, una fotocamera da 5 megapixel e il supporto per la connettività 3G.

La storia del Samsung Galaxy i7500 è un esempio di come Samsung stesse cercando di entrare nel mercato degli smartphone Android con un dispositivo competitivo e ben equipaggiato. Il Galaxy i7500 utilizzava Android 1.5 (Cupcake) e offriva accesso all'Android Market per il download di applicazioni e giochi. Il telefono includeva anche funzionalità avanzate come il GPS integrato, la connettività Wi-Fi e il supporto per la sincronizzazione con i servizi Google.

Una curiosità interessante sul Samsung Galaxy i7500 è che fu uno dei primi smartphone a includere un display AMOLED, una tecnologia che offriva colori vividi e un contrasto elevato rispetto ai display LCD tradizionali. Inoltre, il design compatto e leggero rendeva il Galaxy i7500 un dispositivo molto maneggevole e pratico da usare. Questo dispositivo rappresenta un importante passo avanti nella storia della telefonia mobile, segnando l'inizio della serie Galaxy, che sarebbe diventata una delle linee di smartphone più popolari e influenti al mondo.

48-Nokia N97 (2009)

Il Nokia N97, lanciato nel 2009, è stato uno dei telefoni cellulari più avanzati della sua epoca, progettato per offrire un'esperienza multimediale completa e funzionalità avanzate per la produttività. Questo dispositivo pesava circa 150 grammi e disponeva di un display touchscreen resistivo da 3,5 pollici, una tastiera QWERTY a scorrimento e una fotocamera da 5 megapixel con ottica Carl Zeiss.

La storia del Nokia N97 è un esempio di come Nokia stesse cercando di mantenere la sua posizione di leader nel mercato della telefonia mobile offrendo dispositivi innovativi e potenti. Il N97 utilizzava il sistema operativo Symbian S60 e includeva funzionalità avanzate come il GPS integrato, 32 GB di memoria interna espandibile tramite microSD e il supporto per la connettività 3G e Wi-Fi. Il telefono era progettato per essere un dispositivo versatile e potente, adatto sia per l'uso personale che professionale.

Una curiosità interessante sul Nokia N97 è che fu uno dei primi telefoni cellulari a includere uno schermo home personalizzabile, permettendo agli utenti di aggiungere widget per accedere rapidamente alle loro applicazioni e informazioni preferite. Inoltre, il design elegante e la costruzione solida del N97 lo rendevano un dispositivo molto attraente per i consumatori. Questo dispositivo rappresenta un importante passo avanti nella storia della telefonia mobile, introducendo molte delle funzionalità che oggi consideriamo essenziali nei telefoni cellulari.

L'Evoluzione degli Smartphone: Dal 2010 al 2020

Il decennio dal 2010 al 2020 ha visto un'impressionante evoluzione degli smartphone, con innovazioni che hanno continuato a trasformare il panorama tecnologico globale. Durante questi anni, gli smartphone sono diventati sempre più potenti, versatili e integrati nella vita quotidiana, segnando un progresso costante sia in termini di hardware che di software.

2010-2012: L'Affermarsi di iOS e Android

All'inizio del decennio, iOS e Android erano già i principali sistemi operativi per smartphone, ma la loro crescita e sviluppo hanno continuato a ridefinire l'esperienza mobile. Apple ha lanciato l'iPhone 4 nel 2010, introducendo il display Retina, che offriva una risoluzione e una qualità delle immagini senza precedenti. Nello stesso anno, Google ha rilasciato Android 2.2 Froyo, migliorando le prestazioni e introducendo nuove funzionalità come il supporto per Flash.

Nel 2011, l'iPhone 4S ha portato Siri, l'assistente vocale di Apple, che ha cambiato il modo in cui gli utenti interagivano con i loro dispositivi. Android, nel frattempo, ha visto il lancio di Android 4.0 Ice Cream Sandwich nel 2011, che ha unificato l'esperienza utente tra smartphone e tablet, migliorando l'interfaccia utente e l'integrazione delle applicazioni.

2013-2015: La Crescita della Potenza e delle Funzionalità

Tra il 2013 e il 2015, gli smartphone sono diventati sempre più potenti e ricchi di funzionalità. Il Samsung Galaxy S4, lanciato nel 2013, ha introdotto un display Full HD Super AMOLED e funzionalità avanzate come il controllo gestuale. Apple ha risposto con l'iPhone 5S, che ha introdotto il processore A7 a 64 bit e il sensore di impronte digitali Touch ID.

Nel 2014, Google ha lanciato Android 5.0 Lollipop, che ha portato un nuovo design chiamato Material Design, migliorando l'estetica e la coerenza dell'interfaccia utente. Apple ha introdotto iOS 8 nello stesso anno, offrendo nuove funzionalità come Handoff e Continuity, che permettevano una migliore integrazione tra dispositivi iOS e Mac.

2016-2018: La Domanda di Innovazione e la Crescita della Realtà Aumentata

Negli anni successivi, la domanda di innovazione ha continuato a guidare il mercato degli smartphone. Nel 2016, Apple ha lanciato l'iPhone 7, eliminando il jack per le cuffie e introducendo la resistenza all'acqua. Android ha visto l'introduzione di Android 7.0 Nougat, che ha portato funzionalità come il multitasking a schermo diviso e le notifiche migliorate.

Nel 2017, l'iPhone X ha rivoluzionato il design degli smartphone con un display edge-to-edge OLED e il sistema di riconoscimento facciale Face ID. Android ha risposto con il lancio di dispositivi come il Google Pixel 2, che ha introdotto Google Assistant migliorato e una fotocamera di alta qualità con funzioni di intelligenza artificiale.

2019-2020: 5G e Ulteriori Innovazioni

Gli ultimi anni del decennio hanno visto l'introduzione del 5G, la nuova generazione di reti mobili che ha promesso velocità di connessione significativamente più elevate e una latenza ridotta. Nel 2019, Samsung ha lanciato il Galaxy S10 5G, uno dei primi smartphone compatibili con le reti 5G. Apple ha seguito nel 2020 con l'iPhone 12, che ha supportato il 5G su tutta la linea.

Inoltre, la tecnologia delle fotocamere degli smartphone ha continuato a migliorare, con l'introduzione di sistemi multi-fotocamera e avanzate capacità di fotografia computazionale. Dispositivi come il Huawei P30 Pro e il Google Pixel 4 hanno spinto i confini della fotografia mobile, offrendo modalità notturne avanzate e zoom ottico di alta qualità.

L'Impatto Sociale e Culturale

L'evoluzione degli smartphone ha avuto un impatto significativo sulla società e la cultura. La diffusione dei social media, l'accesso costante a internet e l'integrazione di applicazioni per ogni aspetto della vita quotidiana hanno cambiato il modo in cui le persone comunicano, lavorano e si intrattengono. Gli smartphone sono diventati strumenti indispensabili per la produttività, la creatività e la connessione sociale.

Dal 2010 al 2020, gli smartphone hanno subito un'evoluzione straordinaria, diventando dispositivi sempre più potenti e versatili. Le innovazioni in termini di design, prestazioni e funzionalità hanno continuato a migliorare l'esperienza utente, mentre l'introduzione del 5G e le avanzate capacità di intelligenza artificiale hanno posto le basi per il futuro della tecnologia mobile. Questo decennio ha consolidato il ruolo degli smartphone come strumenti essenziali nella vita moderna, trasformando profondamente il modo in cui viviamo e interagiamo con il mondo.

Di seguito alcuni dei modelli più influenti ed apprezzati dal 2010 al 2020.

49-Sony Ericsson Xperia X10 (2010)

Il Sony Ericsson Xperia X10, lanciato nel 2010, è stato uno dei primi smartphone della serie Xperia a utilizzare il sistema operativo Android. Questo dispositivo pesava circa 135 grammi e disponeva di un display touchscreen capacitivo da 4 pollici, una fotocamera da 8,1 megapixel e il supporto per la connettività 3G.

La storia del Sony Ericsson Xperia X10 è un esempio di come Sony Ericsson stesse cercando di competere nel mercato degli smartphone Android offrendo un dispositivo avanzato e ben equipaggiato. L'Xperia X10 utilizzava Android 1.6 (Donut) e offriva accesso all'Android Market per il download di applicazioni e giochi. Il telefono includeva anche l'interfaccia utente Timescape, che aggregava le comunicazioni e le attività sociali in un'unica schermata.

Una curiosità interessante sul Sony Ericsson Xperia X10 è che fu uno dei primi smartphone a includere una fotocamera con risoluzione superiore a 8 megapixel, permettendo agli utenti di scattare foto di alta qualità direttamente dal loro telefono. Inoltre, il design elegante e la costruzione solida rendevano l'Xperia X10 un dispositivo molto attraente per i consumatori. Questo dispositivo rappresenta un importante passo avanti nella storia della telefonia mobile, mostrando come l'innovazione nella fotografia mobile e nell'interfaccia utente possa migliorare significativamente l'esperienza utente complessiva.

50-Google Nexus One (2010)

Il Google Nexus One, lanciato nel 2010, è stato il primo smartphone della linea Nexus, sviluppato in collaborazione con HTC e progettato per offrire un'esperienza Android pura. Questo dispositivo pesava circa 130 grammi e disponeva di un display AMOLED da 3,7 pollici, una fotocamera da 5 megapixel e il supporto per la connettività 3G.

La storia del Google Nexus One è un esempio di come Google stesse cercando di stabilire un punto di riferimento per gli smartphone Android offrendo un dispositivo di alta qualità con un'esperienza utente ottimizzata. Il Nexus One utilizzava Android 2.1 (Eclair) e ricevette aggiornamenti software diretti da Google, garantendo agli utenti l'accesso alle ultime funzionalità e miglioramenti del sistema operativo. Il telefono includeva anche funzionalità avanzate come il GPS integrato, la connettività Wi-Fi e il supporto per la sincronizzazione con i servizi Google.

Una curiosità interessante sul Google Nexus One è che fu uno dei primi smartphone a includere un microfono con cancellazione del rumore, migliorando la qualità delle chiamate anche in ambienti rumorosi. Inoltre, il design elegante e la costruzione solida rendevano il Nexus One un dispositivo molto attraente per i consumatori. Questo dispositivo rappresenta un importante passo avanti nella storia della telefonia mobile, segnando l'inizio della linea Nexus, che avrebbe continuato a offrire dispositivi di riferimento per l'ecosistema Android.

51-HTC Desire (2010)

L'HTC Desire, lanciato nel 2010, è stato uno dei primi smartphone a utilizzare un display AMOLED e uno dei dispositivi più avanzati della sua epoca. Questo dispositivo pesava circa 135 grammi e disponeva di un display touchscreen capacitivo da 3,7 pollici, una fotocamera da 5 megapixel e il supporto per la connettività 3G.

La storia dell'HTC Desire è strettamente legata all'evoluzione di Android come piattaforma dominante per smartphone. HTC ha progettato il Desire per competere direttamente con il Google Nexus One, offrendo funzionalità simili ma con l'aggiunta dell'interfaccia utente HTC Sense, che migliorava l'esperienza utente grazie a widget personalizzabili e una navigazione intuitiva. Il Desire utilizzava Android 2.1 (Eclair) e ricevette aggiornamenti per le versioni successive del sistema operativo.

Una curiosità interessante sull'HTC Desire è che fu uno dei primi smartphone a includere la tecnologia di riconoscimento vocale, permettendo agli utenti di effettuare ricerche e inviare comandi vocali al telefono. Inoltre, il Desire era noto per la sua capacità di riprodurre contenuti multimediali ad alta definizione, rendendolo un dispositivo ideale per l'intrattenimento mobile. Questo dispositivo rappresenta un importante passo avanti nella storia della telefonia mobile, mostrando come l'innovazione nel design e nelle funzionalità possa migliorare significativamente l'esperienza utente complessiva.

52-Apple iPhone 4 (2010)

L'Apple iPhone 4, lanciato nel 2010, è stato uno dei dispositivi più rivoluzionari della serie iPhone, introducendo un design completamente nuovo e una serie di miglioramenti significativi. Questo dispositivo pesava circa 137 grammi e disponeva di un display Retina da 3,5 pollici, una fotocamera da 5 megapixel con registrazione video HD e il supporto per la connettività 3G.

La storia dell'Apple iPhone 4 è un esempio di come Apple stesse cercando di migliorare continuamente le prestazioni e le funzionalità dei suoi dispositivi. L'iPhone 4 utilizzava il sistema operativo iOS 4, che includeva nuove funzionalità come il multitasking, la cartella delle applicazioni e FaceTime, una funzione di videochiamata. Il design dell'iPhone 4 era caratterizzato da un telaio in acciaio inossidabile e un retro in vetro, che gli conferivano un aspetto elegante e moderno.

Una curiosità interessante sull'Apple iPhone 4 è che fu uno dei primi smartphone a includere una fotocamera frontale, permettendo agli utenti di effettuare videochiamate e scattare selfie. Inoltre, il display Retina offriva una risoluzione e una qualità dell'immagine senza precedenti, rendendolo uno dei migliori schermi per smartphone dell'epoca. Questo dispositivo rappresenta un importante passo avanti nella storia della telefonia mobile, introducendo molte delle funzionalità e dei miglioramenti che oggi consideriamo essenziali nei telefoni cellulari.

53-Samsung Galaxy S (2010)

Il Samsung Galaxy S, lanciato nel 2010, è stato il primo modello della popolare serie Galaxy S, che sarebbe diventata una delle linee di smartphone più vendute al mondo. Questo dispositivo pesava circa 119 grammi e disponeva di un display Super AMOLED da 4 pollici, una fotocamera da 5 megapixel e il supporto per la connettività 3G.

La storia del Samsung Galaxy S è un esempio di come Samsung stesse cercando di competere con Apple e altri produttori di smartphone di alta gamma. Il Galaxy S utilizzava Android 2.1 (Eclair) e offriva accesso all'Android Market per il download di applicazioni e giochi. Il telefono includeva anche funzionalità avanzate come il GPS integrato, la connettività Wi-Fi e il supporto per la riproduzione di video HD.

Una curiosità interessante sul Samsung Galaxy S è che fu uno dei primi smartphone a includere un display Super AMOLED, una tecnologia che offriva colori vividi e un contrasto elevato rispetto ai display LCD tradizionali. Inoltre, il design sottile e leggero rendeva il Galaxy S un dispositivo molto maneggevole e pratico da usare. Questo dispositivo rappresenta un importante passo avanti nella storia della telefonia mobile, segnando l'inizio della serie Galaxy S, che avrebbe continuato a offrire dispositivi di riferimento per l'ecosistema Android.

54-Motorola Atrix 4G (2011)

Il Motorola Atrix 4G, lanciato nel 2011, è stato uno dei primi smartphone a essere commercializzato come "superphone" grazie alle sue specifiche tecniche avanzate. Questo dispositivo pesava circa 135 grammi e disponeva di un display qHD da 4 pollici, una fotocamera da 5 megapixel e il supporto per la connettività 4G.

La storia del Motorola Atrix 4G è strettamente legata all'innovazione di Motorola nel cercare di offrire un dispositivo potente e versatile. L'Atrix 4G utilizzava Android 2.2 (Froyo) e presentava un processore dual-core, che lo rendeva uno dei telefoni più potenti del mercato. Una delle caratteristiche più distintive dell'Atrix 4G era la possibilità di collegarsi a una docking station chiamata "Lapdock", trasformando il telefono in un laptop.

Una curiosità interessante sul Motorola Atrix 4G è che fu uno dei primi smartphone a includere un lettore di impronte digitali, migliorando la sicurezza e la facilità di accesso al dispositivo. Inoltre, l'Atrix 4G supportava l'uscita HDMI, permettendo agli utenti di visualizzare contenuti in alta definizione su uno schermo più grande. Questo dispositivo rappresenta un importante passo avanti nella storia della telefonia mobile, mostrando come l'innovazione nelle specifiche tecniche e nelle funzionalità possa offrire un'esperienza utente superiore.

55-Nokia N9 (2011)

Il Nokia N9, lanciato nel 2011, è stato uno degli ultimi smartphone prodotti da Nokia a utilizzare il sistema operativo MeeGo, sviluppato in collaborazione con Intel. Questo dispositivo pesava circa 135 grammi e disponeva di un display AMOLED da 3,9 pollici, una fotocamera da 8 megapixel con ottica Carl Zeiss e il supporto per la connettività 3G.

La storia del Nokia N9 è un esempio di come Nokia stesse cercando di differenziarsi nel mercato degli smartphone offrendo un dispositivo innovativo e ben progettato. Il sistema operativo MeeGo era noto per la sua interfaccia utente basata su gesti, che permetteva agli utenti di navigare facilmente tra le applicazioni e le funzioni del telefono. Il design unibody in policarbonato del N9 conferiva al dispositivo un aspetto elegante e moderno.

Una curiosità interessante sul Nokia N9 è che fu uno dei primi smartphone a eliminare completamente i pulsanti fisici sulla parte frontale, basandosi esclusivamente su gesti touch per la navigazione. Inoltre, il display curvo e il vetro Gorilla Glass offrivano una qualità visiva eccezionale e una maggiore resistenza ai graffi. Questo dispositivo rappresenta un importante capitolo nella storia della telefonia mobile, mostrando l'innovazione e il design distintivo di Nokia in un mercato in rapida evoluzione.

56-Samsung Galaxy S II (2011)

Il Samsung Galaxy S II, lanciato nel 2011, è stato uno dei telefoni cellulari più popolari e influenti della sua epoca, consolidando la reputazione di Samsung come leader nel mercato degli smartphone. Questo dispositivo pesava circa 116 grammi e disponeva di un display Super AMOLED Plus da 4,3 pollici, una fotocamera da 8 megapixel e il supporto per la connettività 4G.

La storia del Samsung Galaxy S II è un esempio di come Samsung stesse cercando di migliorare continuamente le prestazioni e le funzionalità dei suoi dispositivi. Il Galaxy S II utilizzava Android 2.3 (Gingerbread) e presentava un processore dual-core, che lo rendeva uno dei telefoni più potenti del mercato. Il design sottile e leggero del Galaxy S II lo rendeva molto maneggevole e pratico da usare.

Una curiosità interessante sul Samsung Galaxy S II è che fu uno dei primi smartphone a includere la tecnologia NFC (Near Field Communication), permettendo agli utenti di effettuare pagamenti contactless e condividere dati semplicemente avvicinando due dispositivi compatibili. Inoltre, il Galaxy S II supportava la registrazione video in Full HD, offrendo una qualità video eccezionale per l'epoca. Questo dispositivo rappresenta un importante passo avanti nella storia della telefonia mobile, introducendo molte delle funzionalità che oggi consideriamo essenziali nei telefoni cellulari.

57-HTC Sensation (2011)

L'HTC Sensation, lanciato nel 2011, è stato uno degli smartphone di punta di HTC, progettato per offrire prestazioni elevate e un'esperienza utente premium. Questo dispositivo pesava circa 148 grammi e disponeva

 di un display Super LCD da 4,3 pollici, una fotocamera da 8 megapixel e il supporto per la connettività 4G.

La storia dell'HTC Sensation è un esempio di come HTC stesse cercando di competere nel mercato degli smartphone di fascia alta offrendo un dispositivo potente e ben equipaggiato. Il Sensation utilizzava Android 2.3 (Gingerbread) e presentava un processore dual-core, che lo rendeva uno dei telefoni più veloci del mercato. L'interfaccia utente HTC Sense 3.0 migliorava ulteriormente l'esperienza utente grazie a widget personalizzabili e una navigazione intuitiva.

Una curiosità interessante sull'HTC Sensation è che fu uno dei primi smartphone a includere la tecnologia di registrazione video in Full HD, permettendo agli utenti di catturare video di alta qualità direttamente dal loro telefono. Inoltre, il design unibody in alluminio del Sensation conferiva al dispositivo un aspetto elegante e una maggiore robustezza. Questo dispositivo rappresenta un importante passo avanti nella storia della telefonia mobile, mostrando come l'innovazione nel design e nelle prestazioni possa migliorare significativamente l'esperienza utente complessiva.

58-Apple iPhone 4S (2011)

L'Apple iPhone 4S, lanciato nel 2011, è stato il quinto modello della serie iPhone e ha introdotto una serie di miglioramenti significativi rispetto all'iPhone 4. Questo dispositivo pesava circa 140 grammi e disponeva di un display Retina da 3,5 pollici, una fotocamera da 8 megapixel con registrazione video in Full HD e il supporto per la connettività 3G.

La storia dell'Apple iPhone 4S è strettamente legata al desiderio di Apple di migliorare continuamente le prestazioni e le funzionalità dei suoi dispositivi. L'iPhone 4S utilizzava il sistema operativo iOS 5, che includeva nuove funzionalità come iMessage, il Centro notifiche e l'assistente vocale Siri. Il processore dual-core A5 rendeva il 4S significativamente più veloce e reattivo rispetto ai modelli precedenti.

Una curiosità interessante sull'Apple iPhone 4S è che fu il primo iPhone a includere l'assistente vocale Siri, una funzione che permetteva agli utenti di interagire con il telefono utilizzando comandi vocali naturali. Inoltre, il 4S migliorava notevolmente la qualità della fotocamera, rendendolo uno dei migliori smartphone per la fotografia dell'epoca. Questo dispositivo rappresenta un importante passo avanti nella storia della telefonia mobile, introducendo molte delle funzionalità che oggi consideriamo essenziali nei telefoni cellulari.

59-Samsung Galaxy Nexus (2011)

Il Samsung Galaxy Nexus, lanciato nel 2011, è stato il terzo smartphone della linea Nexus di Google, sviluppato in collaborazione con Samsung. Questo dispositivo pesava circa 135 grammi e disponeva di un display Super AMOLED da 4,65 pollici, una fotocamera da 5 megapixel e il supporto per la connettività 4G.

La storia del Samsung Galaxy Nexus è un esempio di come Google stesse cercando di stabilire un punto di riferimento per gli smartphone Android offrendo un dispositivo di alta qualità con un'esperienza utente ottimizzata. Il Galaxy Nexus utilizzava Android 4.0 (Ice Cream Sandwich), che introduceva una serie di nuove funzionalità e miglioramenti nell'interfaccia utente, come il multitasking migliorato, le notifiche ridisegnate e il supporto per la tecnologia NFC.

Una curiosità interessante sul Samsung Galaxy Nexus è che fu uno dei primi smartphone a includere un display HD, offrendo una risoluzione di 1280 x 720 pixel, che migliorava notevolmente la qualità dell'immagine. Inoltre, il design curvo e il vetro contornato del Nexus conferivano al dispositivo un aspetto distintivo e una migliore ergonomia. Questo dispositivo rappresenta un importante passo avanti nella storia della telefonia mobile, segnando l'inizio dell'era degli smartphone HD e mostrando come l'innovazione nel design e nelle funzionalità possa migliorare significativamente l'esperienza utente complessiva.

60-Nokia Lumia 800 (2011)

Il Nokia Lumia 800, lanciato nel 2011, è stato uno dei primi smartphone di Nokia a utilizzare il sistema operativo Windows Phone, segnando una nuova era per l'azienda finlandese. Questo dispositivo pesava circa 142 grammi e disponeva di un display AMOLED da 3,7 pollici, una fotocamera da 8 megapixel con ottica Carl Zeiss e il supporto per la connettività 3G.

La storia del Nokia Lumia 800 è un esempio di come Nokia stesse cercando di reinventarsi nel mercato degli smartphone collaborando con Microsoft per utilizzare il sistema operativo Windows Phone. L'interfaccia utente Metro di Windows Phone era nota per il suo design a piastrelle, che offriva un'esperienza utente intuitiva e dinamica. Il Lumia 800 presentava un design unibody in policarbonato, che gli conferiva un aspetto elegante e robusto.

Una curiosità interessante sul Nokia Lumia 800 è che fu uno dei primi smartphone a includere la tecnologia di ricarica wireless, migliorando la comodità e la facilità di ricarica del dispositivo. Inoltre, il Lumia 800 era noto per la sua eccellente qualità di costruzione e per la durata della batteria, rendendolo un dispositivo molto affidabile e pratico. Questo dispositivo rappresenta un importante passo avanti nella storia della telefonia mobile, mostrando come l'innovazione nel design e nella collaborazione con altre aziende possa portare a prodotti di successo e ad esperienze utente superiori.

61-Sony Xperia S (2012)

Il Sony Xperia S, lanciato nel 2012, è stato uno dei primi smartphone a essere commercializzato sotto il marchio Sony, dopo la separazione da Ericsson. Questo dispositivo pesava circa 144 grammi e disponeva di un display Reality da 4,3 pollici con Mobile BRAVIA Engine, una fotocamera da 12 megapixel e il supporto per la connettività 3G.

La storia del Sony Xperia S è un esempio di come Sony stesse cercando di riaffermarsi nel mercato degli smartphone con un dispositivo di alta qualità e innovativo. L'Xperia S utilizzava Android 2.3 (Gingerbread) al lancio, con un aggiornamento a Android 4.0 (Ice Cream Sandwich) disponibile poco dopo. Il telefono era noto per il suo design elegante e minimalista, con una barra trasparente alla base che si illuminava per notifiche e funzioni specifiche.

Una curiosità interessante sul Sony Xperia S è che fu uno dei primi smartphone a includere un sensore di fotocamera Exmor R, che migliorava le prestazioni fotografiche in condizioni di scarsa illuminazione. Inoltre, il dispositivo supportava la tecnologia NFC, permettendo agli utenti di condividere dati e effettuare pagamenti contactless. Questo dispositivo rappresenta un importante passo avanti nella storia della telefonia mobile, mostrando l'impegno di Sony nell'offrire dispositivi all'avanguardia e dal design accattivante.

62-Samsung Galaxy S III (2012)

Il Samsung Galaxy S III, lanciato nel 2012, è stato uno degli smartphone più venduti della serie Galaxy S e ha consolidato la posizione di Samsung come leader nel mercato degli smartphone. Questo dispositivo pesava circa 133 grammi e disponeva di un display Super AMOLED HD da 4,8 pollici, una fotocamera da 8 megapixel e il supporto per la connettività 4G.

La storia del Samsung Galaxy S III è un esempio di come Samsung stesse cercando di migliorare continuamente le prestazioni e le funzionalità dei suoi dispositivi. Il Galaxy S III utilizzava Android 4.0 (Ice Cream Sandwich) e presentava un processore quad-core, che lo rendeva uno dei telefoni più potenti del mercato. Il design ergonomico e le funzionalità software avanzate, come S Voice e Smart Stay, lo rendevano molto apprezzato dai consumatori.

Una curiosità interessante sul Samsung Galaxy S III è che fu uno dei primi smartphone a includere la funzionalità di riconoscimento facciale per sbloccare il dispositivo, migliorando la sicurezza e la praticità. Inoltre, il Galaxy S III supportava la ricarica wireless tramite accessori opzionali, offrendo una maggiore comodità agli utenti. Questo dispositivo rappresenta un importante passo avanti nella storia della telefonia mobile, introducendo molte delle funzionalità che oggi consideriamo essenziali nei telefoni cellulari.

63-HTC One X (2012)

L'HTC One X, lanciato nel 2012, è stato uno dei primi smartphone a utilizzare un processore quad-core e a offrire prestazioni elevate e un'esperienza utente premium. Questo dispositivo pesava circa 130 grammi e disponeva di un display Super LCD 2 da 4,7 pollici, una fotocamera da 8 megapixel e il supporto per la connettività 4G.

La storia dell'HTC One X è un esempio di come HTC stesse cercando di competere nel mercato degli smartphone di fascia alta offrendo un dispositivo potente e ben equipaggiato. Il One X utilizzava Android 4.0 (Ice Cream Sandwich) e presentava l'interfaccia utente HTC Sense 4.0, che migliorava ulteriormente l'esperienza utente grazie a widget personalizzabili e una navigazione intuitiva. Il design unibody in policarbonato del One X conferiva al dispositivo un aspetto elegante e una maggiore robustezza.

Una curiosità interessante sull'HTC One X è che fu uno dei primi smartphone a includere la tecnologia ImageSense, che migliorava la qualità delle foto e permetteva di scattare foto e registrare video contemporaneamente. Inoltre, il One X supportava la tecnologia Beats Audio, offrendo un'esperienza sonora superiore per gli amanti della musica. Questo dispositivo rappresenta un importante passo avanti nella storia della telefonia mobile, mostrando come l'innovazione nel design e nelle prestazioni possa migliorare significativamente l'esperienza utente complessiva.

64-Apple iPhone 5 (2012)

L'Apple iPhone 5, lanciato nel 2012, è stato il sesto modello della serie iPhone e ha introdotto una serie di miglioramenti significativi rispetto ai suoi predecessori. Questo dispositivo pesava circa 112 grammi e disponeva di un display Retina da 4 pollici, una fotocamera da 8 megapixel con registrazione video in Full HD e il supporto per la connettività 4G LTE.

La storia dell'Apple iPhone 5 è strettamente legata al desiderio di Apple di migliorare continuamente le prestazioni e le funzionalità dei suoi dispositivi. L'iPhone 5 utilizzava il sistema operativo iOS 6, che includeva nuove funzionalità come Mappe di Apple, Passbook e l'integrazione con Facebook. Il design dell'iPhone 5 era caratterizzato da un telaio in alluminio anodizzato e un retro in vetro, che gli conferivano un aspetto elegante e moderno.

Una curiosità interessante sull'Apple iPhone 5 è che fu il primo iPhone a includere il connettore Lightning, che sostituiva il vecchio connettore a 30 pin e offriva una maggiore velocità di trasferimento dati e una maggiore durata. Inoltre, il display più grande e il design sottile e leggero rendevano l'iPhone 5 molto apprezzato dai consumatori. Questo dispositivo rappresenta un importante passo avanti nella storia della telefonia mobile, introducendo molte delle funzionalità e dei miglioramenti che oggi consideriamo essenziali nei telefoni cellulari.

65-Nokia Lumia 920 (2012)

Il Nokia Lumia 920, lanciato nel 2012, è stato uno dei primi smartphone a utilizzare il sistema operativo Windows Phone 8 e ha segnato una nuova era per l'azienda finlandese. Questo dispositivo pesava circa 185 grammi e disponeva di un display PureMotion HD+ da 4,5 pollici, una fotocamera da 8,7 megapixel con ottica Carl Zeiss e il supporto per la connettività 4G LTE.

La storia del Nokia Lumia 920 è un esempio di come Nokia stesse cercando di riaffermarsi nel mercato degli smartphone collaborando con Microsoft per utilizzare il sistema operativo Windows Phone. L'interfaccia utente di Windows Phone 8 era nota per il suo design a piastrelle, che offriva un'esperienza utente intuitiva e dinamica. Il Lumia 920 presentava un design unibody in policarbonato, che gli conferiva un aspetto elegante e robusto.

Una curiosità interessante sul Nokia Lumia 920 è che fu uno dei primi smartphone a includere la tecnologia di stabilizzazione ottica dell'immagine (OIS), che migliorava notevolmente la qualità delle foto e dei video in condizioni di scarsa illuminazione. Inoltre, il Lumia 920 supportava la ricarica wireless, migliorando la comodità e la facilità di ricarica del dispositivo. Questo dispositivo rappresenta un importante passo avanti nella storia della telefonia mobile, mostrando l'innovazione e il design distintivo di Nokia in un mercato in rapida evoluzione.

66-Google Nexus 4 (2012)

Il Google Nexus 4, lanciato nel 2012, è stato il quarto smartphone della linea Nexus di Google, sviluppato in collaborazione con LG. Questo dispositivo pesava circa 139 grammi e disponeva di un display True HD IPS Plus da 4,7 pollici, una fotocamera da 8 megapixel e il supporto per la connettività 3G.

La storia del Google Nexus 4 è un esempio di come Google stesse cercando di stabilire un punto di riferimento per gli smartphone Android offrendo un dispositivo di alta qualità con un'esperienza utente ottimizzata. Il Nexus 4 utilizzava Android 4.2 (Jelly Bean), che introduceva una serie di nuove funzionalità e miglioramenti nell'interfaccia utente, come il supporto per i widget sulla schermata di blocco e una migliore gestione delle notifiche. Il design in vetro e plastica del Nexus 4 conferiva al dispositivo un aspetto elegante e moderno.

Una curiosità interessante sul Google Nexus 4 è che fu uno dei primi smartphone a includere la tecnologia di ricarica wireless integrata, migliorando la comodità e la facilità di ricarica del dispositivo. Inoltre, il Nexus 4 era noto per il suo prezzo competitivo, che lo rendeva molto attraente per i consumatori alla ricerca di un dispositivo di alta qualità a un costo accessibile. Questo dispositivo rappresenta un importante passo avanti nella storia della telefonia mobile, mostrando come l'innovazione e la collaborazione con altre aziende possano portare a prodotti di successo e ad esperienze utente superiori.

67-BlackBerry Z10 (2013)

Il BlackBerry Z10, lanciato nel 2013, è stato uno dei primi smartphone a utilizzare il sistema operativo BlackBerry 10, segnando un tentativo di rilancio del marchio BlackBerry nel mercato degli smartphone. Questo dispositivo pesava circa 137 grammi e disponeva di un display touchscreen capacitivo da 4,2 pollici, una fotocamera da 8 megapixel e il supporto per la connettività 4G LTE.

La storia del BlackBerry Z10 è un esempio di come BlackBerry stesse cercando di reinventarsi e competere con altri smartphone di fascia alta offrendo un nuovo sistema operativo e un design moderno. Il BlackBerry 10 OS era noto per la sua interfaccia utente basata su gesti, che permetteva agli utenti di navigare facilmente tra le applicazioni e le funzioni del telefono. Il design elegante e minimalista del Z10 conferiva al dispositivo un aspetto professionale e attraente.

Una curiosità interessante sul BlackBerry Z10 è che fu uno dei primi smartphone a includere la tecnologia di predizione del testo avanzata, che migliorava notevolmente la velocità e l'accuratezza della digitazione. Inoltre, il Z10 supportava la modalità Hub di BlackBerry, che aggregava tutte le comunicazioni dell'utente in un'unica interfaccia, semplificando la gestione di e-mail, messaggi e notifiche. Questo dispositivo rappresenta un importante tentativo di BlackBerry di rientrare nel mercato degli smartphone con un prodotto innovativo e ben progettato.

68-HTC One (2013)

L'HTC One, lanciato nel 2013, è stato uno degli smartphone più acclamati della sua epoca, noto per il suo design elegante e le sue prestazioni elevate. Questo dispositivo pesava circa 143 grammi e disponeva di un display Super LCD3 da 4,7 pollici, una fotocamera Ultrapixel da 4 megapixel e il supporto per la connettività 4G LTE.

La storia dell'HTC One è un esempio di come HTC stesse cercando di competere nel mercato degli smartphone di fascia alta offrendo un dispositivo potente e ben equipaggiato. Il One utilizzava Android 4.1 (Jelly Bean) e presentava l'interfaccia utente HTC Sense 5.0, che migliorava ulteriormente l'esperienza utente grazie a widget personalizzabili e una navigazione intuitiva. Il design unibody in alluminio del One conferiva al dispositivo un aspetto elegante e una maggiore robustezza.

Una curiosità interessante sull'HTC One è che fu uno dei primi smartphone a includere la tecnologia BoomSound, con altoparlanti stereo frontali che offrivano un'esperienza audio superiore. Inoltre, la fotocamera Ultrapixel utilizzava pixel più grandi per catturare più luce, migliorando la qualità delle foto in condizioni di scarsa illuminazione. Questo dispositivo rappresenta un importante passo avanti nella storia della telefonia mobile, mostrando come l'innovazione nel design e nelle prestazioni possa migliorare significativamente l'esperienza utente complessiva.

69-Samsung Galaxy S4 (2013)

Il Samsung Galaxy S4, lanciato nel 2013, è stato uno degli smartphone più venduti della serie Galaxy S e ha consolidato ulteriormente la posizione di Samsung come leader nel mercato degli smartphone. Questo dispositivo pesava circa 130 grammi e disponeva di un display Super AMOLED Full HD da 5 pollici, una fotocamera da 13 megapixel e il supporto per la connettività 4G LTE.

La storia del Samsung Galaxy S4 è un esempio di come Samsung stesse cercando di migliorare continuamente le prestazioni e le funzionalità dei suoi dispositivi. Il Galaxy S4 utilizzava Android 4.2 (Jelly Bean) e presentava un processore quad-core, che lo rendeva uno dei telefoni più potenti del mercato. Il design sottile e leggero del Galaxy S4 lo rendeva molto maneggevole e pratico da usare.

Una curiosità interessante sul Samsung Galaxy S4 è che fu uno dei primi smartphone a includere una serie di funzionalità innovative come Smart Scroll, Smart Pause e Air Gesture, che permettevano agli utenti di controllare il dispositivo senza toccare lo schermo. Inoltre, il Galaxy S4 supportava la registrazione video in Full HD, offrendo una qualità video eccezionale per l'epoca. Questo dispositivo rappresenta un importante passo avanti nella storia della telefonia mobile, introducendo molte delle funzionalità che oggi consideriamo essenziali nei telefoni cellulari.

70-Apple iPhone 5S (2013)

L'Apple iPhone 5S, lanciato nel 2013, è stato il settimo modello della serie iPhone e ha introdotto una serie di miglioramenti significativi rispetto all'iPhone 5. Questo dispositivo pesava circa 112 grammi e disponeva di un display Retina da 4 pollici, una fotocamera da 8 megapixel con registrazione video in Full HD e il supporto per la connettività 4G LTE.

La storia dell'Apple iPhone 5S è strettamente legata al desiderio di Apple di migliorare continuamente le prestazioni e le funzionalità dei suoi dispositivi. L'iPhone 5S utilizzava il sistema operativo iOS 7, che includeva un design completamente rinnovato e nuove funzionalità come Control Center e AirDrop. Il processore A7 a 64 bit rendeva il 5S significativamente più veloce e reattivo rispetto ai modelli precedenti.

Una curiosità interessante sull'Apple iPhone 5S è che fu il primo iPhone a includere il sensore di impronte digitali Touch ID, migliorando la sicurezza e la comodità di accesso al dispositivo. Inoltre, il 5S migliorava notevolmente la qualità della fotocamera con l'introduzione del flash True Tone, che adattava la temperatura del colore del flash per ottenere scatti più naturali. Questo dispositivo rappresenta un importante passo avanti nella storia della telefonia mobile, introducendo molte delle funzionalità e dei miglioramenti che oggi consideriamo essenziali nei telefoni cellulari.

71-Google Nexus 5 (2013)

Il Google Nexus 5, lanciato nel 2013, è stato il quinto smartphone della linea Nexus di Google, sviluppato in collaborazione con LG. Questo dispositivo pesava circa 130 grammi e disponeva di un display True HD IPS Plus da 4,95 pollici, una fotocamera da 8 megapixel con stabilizzazione ottica dell'immagine (OIS) e il supporto per la connettività 4G LTE.

La storia del Google Nexus 5 è un esempio di come Google stesse cercando di stabilire un punto di riferimento per gli smartphone Android offrendo un dispositivo di alta qualità con un'esperienza utente ottimizzata. Il Nexus 5 utilizzava Android 4.4 (KitKat), che introduceva una serie di nuove funzionalità e miglioramenti nell'interfaccia utente, come il supporto per l'assistente Google Now e un'interfaccia utente più pulita e minimalista. Il design in vetro e plastica del Nexus 5 conferiva al dispositivo un aspetto elegante e moderno.

Una curiosità interessante sul Google Nexus 5 è che fu uno dei primi smartphone a includere la tecnologia di ricarica wireless integrata, migliorando la comodità e la facilità di ricarica del dispositivo. Inoltre, il Nexus 5 era noto per il suo prezzo competitivo, che lo rendeva molto attraente per i consumatori alla ricerca di un dispositivo di alta qualità a un costo accessibile. Questo dispositivo rappresenta un importante passo avanti nella storia della telefonia mobile, mostrando come l'innovazione e la collaborazione con altre aziende possano portare a prodotti di successo e ad esperienze utente superiori.

72-Nokia Lumia 1020 (2013)

Il Nokia Lumia 1020, lanciato nel 2013, è stato uno degli smartphone più avanzati di Nokia, noto per la sua fotocamera da 41 megapixel con tecnologia PureView e ottica Carl Zeiss. Questo dispositivo pesava circa 158 grammi e disponeva di un display AMOLED da 4,5 pollici e il supporto per la connettività 4G LTE.

La storia del Nokia Lumia 1020 è un esempio di come Nokia stesse cercando di differenziarsi nel mercato degli smartphone offrendo un dispositivo con capacità fotografiche eccezionali. Il Lumia 1020 utilizzava il sistema operativo Windows Phone 8, che offriva un'interfaccia utente intuitiva e dinamica basata su piastrelle. Il design unibody in policarbonato conferiva al dispositivo un aspetto elegante e robusto.

Una curiosità interessante sul Nokia Lumia 1020 è che fu uno dei primi smartphone a includere una fotocamera con risoluzione superiore ai 40 megapixel, permettendo agli utenti di scattare foto con dettagli incredibili e di effettuare zoom digitali senza perdita di qualità. Inoltre, il Lumia 1020 supportava la registrazione video in Full HD con stabilizzazione ottica dell'immagine, migliorando notevolmente la qualità dei video. Questo dispositivo rappresenta un importante passo avanti nella storia della telefonia mobile, mostrando l'innovazione e l'eccellenza di Nokia nel campo della fotografia mobile.

73-Sony Xperia Z1 (2013)

Il Sony Xperia Z1, lanciato nel 2013, è stato uno dei primi smartphone di Sony a combinare funzionalità avanzate con un design elegante e resistente all'acqua. Questo dispositivo pesava circa 170 grammi e disponeva di un display Triluminos Full HD da 5 pollici, una fotocamera da 20,7 megapixel e il supporto per la connettività 4G LTE.

La storia del Sony Xperia Z1 è un esempio di come Sony stesse cercando di competere nel mercato degli smartphone di fascia alta offrendo un dispositivo potente e ben equipaggiato. Il Xperia Z1 utilizzava Android 4.2 (Jelly Bean) e presentava un processore quad-core, che lo rendeva uno dei telefoni più potenti del mercato. Il design in vetro e alluminio del Xperia Z1 conferiva al dispositivo un aspetto elegante e moderno.

Una curiosità interessante sul Sony Xperia Z1 è che fu uno dei primi smartphone a includere la tecnologia di fotocamera G Lens di Sony, che migliorava notevolmente la qualità delle foto e dei video. Inoltre, il Xperia Z1 era certificato IP58, il che significava che era resistente alla polvere e all'acqua, rendendolo ideale per gli utenti che necessitavano di un dispositivo robusto e durevole. Questo dispositivo rappresenta un importante passo avanti nella storia della telefonia mobile, mostrando l'innovazione e l'eccellenza di Sony nel campo del design e delle prestazioni.

74-OnePlus One (2014)

Il OnePlus One, lanciato nel 2014, è stato il primo smartphone prodotto da OnePlus e ha rapidamente guadagnato popolarità grazie alle sue specifiche di fascia alta e al prezzo competitivo. Questo dispositivo pesava circa 162 grammi e disponeva di un display LTPS IPS LCD da 5,5 pollici, una fotocamera da 13 megapixel e il supporto per la connettività 4G LTE.

La storia del OnePlus One è un esempio di come OnePlus stesse cercando di sconvolgere il mercato degli smartphone offrendo un dispositivo di alta qualità a un prezzo accessibile. Il OnePlus One utilizzava CyanogenMod 11S, una versione personalizzata di Android 4.4 (KitKat), che offriva una maggiore flessibilità e capacità di personalizzazione rispetto ai sistemi operativi tradizionali. Il design in plastica con finitura opaca conferiva al dispositivo un aspetto moderno e robusto.

Una curiosità interessante sul OnePlus One è che fu uno dei primi smartphone a essere venduto tramite un sistema di inviti, che creò un'aura di esclusività intorno al dispositivo e contribuì a generare un notevole interesse e domanda. Inoltre, il OnePlus One supportava la registrazione video in 4K, offrendo una qualità video eccezionale per l'epoca. Questo dispositivo rappresenta un importante passo avanti nella storia della telefonia mobile, mostrando come l'innovazione e una strategia di prezzo aggressiva possano portare a un successo commerciale significativo.

75-Samsung Galaxy S5 (2014)

Il Samsung Galaxy S5, lanciato nel 2014, è stato uno degli smartphone più venduti della serie Galaxy S e ha introdotto una serie di nuove funzionalità innovative. Questo dispositivo pesava circa 145 grammi e disponeva di un display Super AMOLED Full HD da 5,1 pollici, una fotocamera da 16 megapixel e il supporto per la connettività 4G LTE.

La storia del Samsung Galaxy S5 è un esempio di come Samsung stesse cercando di migliorare continuamente le prestazioni e le funzionalità dei suoi dispositivi. Il Galaxy S5 utilizzava Android 4.4 (KitKat) e presentava un processore quad-core, che lo rendeva uno dei telefoni più potenti del mercato. Il design resistente all'acqua e alla polvere del Galaxy S5 lo rendeva ideale per gli utenti che necessitavano di un dispositivo robusto e durevole.

Una curiosità interessante sul Samsung Galaxy S5 è che fu uno dei primi smartphone a includere un sensore di impronte digitali integrato nel tasto home, migliorando la sicurezza e la comodità di accesso al dispositivo. Inoltre, il Galaxy S5 supportava la registrazione video in 4K, offrendo una qualità video eccezionale per l'epoca. Questo dispositivo rappresenta un importante passo avanti nella storia della telefonia mobile, introducendo molte delle funzionalità che oggi consideriamo essenziali nei telefoni cellulari.

76-HTC One M8 (2014)

L'HTC One M8, lanciato nel 2014, è stato uno degli smartphone più acclamati della sua epoca, noto per il suo design elegante e le sue prestazioni elevate. Questo dispositivo pesava circa 160 grammi e disponeva di un display Super LCD3 da 5 pollici, una fotocamera duale Ultrapixel da 4 megapixel e il supporto per la connettività 4G LTE.

La storia dell'HTC One M8 è un esempio di come HTC stesse cercando di competere nel mercato degli smartphone di fascia alta offrendo un dispositivo potente e ben equipaggiato. Il One M8 utilizzava Android 4.4 (KitKat) e presentava l'interfaccia utente HTC Sense 6.0, che migliorava ulteriormente l'esperienza utente grazie a widget personalizzabili e una navigazione intuitiva. Il design unibody in alluminio del One M8 conferiva al dispositivo un aspetto elegante e una maggiore robustezza.

Una curiosità interessante sull'HTC One M8 è che fu uno dei primi smartphone a includere una fotocamera duale, che permetteva di catturare foto con effetto bokeh e di regolare la profondità di campo anche dopo lo scatto. Inoltre, il One M8 supportava la tecnologia BoomSound, con altoparlanti stereo frontali che offrivano un'esperienza audio superiore. Questo dispositivo rappresenta un importante passo avanti nella storia della telefonia mobile, mostrando come l'innovazione nel design e nelle prestazioni possa migliorare significativamente l'esperienza utente complessiva.

77-Apple iPhone 6 (2014)

L'Apple iPhone 6, lanciato nel 2014, è stato il nono modello della serie iPhone e ha introdotto una serie di miglioramenti significativi rispetto ai suoi predecessori. Questo dispositivo pesava circa 129 grammi e disponeva di un display Retina HD da 4,7 pollici, una fotocamera da 8 megapixel con registrazione video in Full HD e il supporto per la connettività 4G LTE.

La storia dell'Apple iPhone 6 è strettamente legata al desiderio di Apple di migliorare continuamente le prestazioni e le funzionalità dei suoi dispositivi. L'iPhone 6 utilizzava il sistema operativo iOS 8, che includeva nuove funzionalità come Apple Pay, HealthKit e Continuity. Il design dell'iPhone 6 era caratterizzato da un telaio in alluminio anodizzato e bordi arrotondati, che gli conferivano un aspetto elegante e moderno.

Una curiosità interessante sull'Apple iPhone 6 è che fu il primo iPhone a includere il supporto per i pagamenti mobili tramite Apple Pay, permettendo agli utenti di effettuare acquisti in negozio utilizzando il loro telefono. Inoltre, il display più grande e il design sottile e leggero rendevano l'iPhone 6 molto apprezzato dai consumatori. Questo dispositivo rappresenta un importante passo avanti nella storia della telefonia mobile, introducendo molte delle funzionalità e dei miglioramenti che oggi consideriamo essenziali nei telefoni cellulari.

78-Google Nexus 6 (2014)

Il Google Nexus 6, lanciato nel 2014, è stato il sesto smartphone della linea Nexus di Google, sviluppato in collaborazione con Motorola. Questo dispositivo pesava circa 184 grammi e disponeva di un display AMOLED QHD da 6 pollici, una fotocamera da 13 megapixel con stabilizzazione ottica dell'immagine (OIS) e il supporto per la connettività 4G LTE.

La storia del Google Nexus 6 è un esempio di come Google stesse cercando di stabilire un punto di riferimento per gli smartphone Android offrendo un dispositivo di alta qualità con un'esperienza utente ottimizzata. Il Nexus 6 utilizzava Android 5.0 (Lollipop), che introduceva una serie di nuove funzionalità e miglioramenti nell'interfaccia utente, come il Material Design e il supporto per le notifiche avanzate. Il design in plastica e metallo del Nexus 6 conferiva al dispositivo un aspetto elegante e robusto.

Una curiosità interessante sul Google Nexus 6 è che fu uno dei primi smartphone a includere un display con risoluzione QHD, offrendo una qualità visiva eccezionale e una maggiore densità di pixel. Inoltre, il Nexus 6 supportava la ricarica rapida tramite il caricatore Turbo Charger di Motorola, che permetteva di ottenere fino a 6 ore di utilizzo con soli 15 minuti di ricarica. Questo dispositivo rappresenta un importante passo avanti nella storia della telefonia mobile, mostrando come l'innovazione e la collaborazione con altre aziende possano portare a prodotti di successo e ad esperienze utente superiori.

79-Sony Xperia Z3 (2014)

Il Sony Xperia Z3, lanciato nel 2014, è stato uno dei primi smartphone di Sony a combinare funzionalità avanzate con un design elegante e resistente all'acqua. Questo dispositivo pesava circa 152 grammi e disponeva di un display Triluminos Full HD da 5,2 pollici, una fotocamera da 20,7 megapixel e il supporto per la connettività 4G LTE.

La storia del Sony Xperia Z3 è un esempio di come Sony stesse cercando di competere nel mercato degli smartphone di fascia alta offrendo un dispositivo potente e ben equipaggiato. Il Xperia Z3 utilizzava Android 4.4 (KitKat) e presentava un processore quad-core, che lo rendeva uno dei telefoni più potenti del mercato. Il design in vetro e alluminio del Xperia Z3 conferiva al dispositivo un aspetto elegante e moderno.

Una curiosità interessante sul Sony Xperia Z3 è che fu uno dei primi smartphone a includere la tecnologia di fotocamera G Lens di Sony, che migliorava notevolmente la qualità delle foto e dei video. Inoltre, il Xperia Z3 era certificato IP68, il che significava che era resistente alla polvere e all'acqua, rendendolo ideale per gli utenti che necessitavano di un dispositivo robusto e durevole. Questo dispositivo rappresenta un importante passo avanti nella storia della telefonia mobile, mostrando l'innovazione e l'eccellenza di Sony nel campo del design e delle prestazioni.

80-Samsung Galaxy Note 4 (2014)

Il Samsung Galaxy Note 4, lanciato nel 2014, è stato uno degli smartphone più avanzati della serie Note e ha introdotto una serie di nuove funzionalità innovative. Questo dispositivo pesava circa 176 grammi e disponeva di un display Super AMOLED Quad HD da 5,7 pollici, una fotocamera da 16 megapixel e il supporto per la connettività 4G LTE.

La storia del Samsung Galaxy Note 4 è un esempio di come Samsung stesse cercando di migliorare continuamente le prestazioni e le funzionalità dei suoi dispositivi. Il Galaxy Note 4 utilizzava Android 4.4 (KitKat) e presentava un processore quad-core, che lo rendeva uno dei telefoni più potenti del mercato. Il design in metallo e plastica del Galaxy Note 4 conferiva al dispositivo un aspetto elegante e robusto.

Una curiosità interessante sul Samsung Galaxy Note 4 è che fu uno dei primi smartphone a includere un sensore di impronte digitali integrato nel tasto home, migliorando la sicurezza e la comodità di accesso al dispositivo. Inoltre, il Galaxy Note 4 supportava la registrazione video in 4K, offrendo una qualità video eccezionale per l'epoca. Questo dispositivo rappresenta un importante passo avanti nella storia della telefonia mobile, introducendo molte delle funzionalità che oggi consideriamo essenziali nei telefoni cellulari.

81. Nokia Lumia 930 (2014)

 Il Nokia Lumia 930 è uno smartphone lanciato nel 2014, parte della serie Lumia di Nokia. Questo dispositivo si distingue per il suo design elegante e la costruzione robusta, con una scocca in alluminio e un retro in policarbonato. Dotato di uno schermo AMOLED da 5 pollici con risoluzione Full HD (1920x1080), offre colori vividi e neri profondi, caratteristica tipica di questa tecnologia di display.

Il Lumia 930 monta un processore quad-core Qualcomm Snapdragon 800 e 2 GB di RAM, garantendo prestazioni fluide per l'epoca. Con una fotocamera posteriore da 20 MP con ottiche Zeiss e stabilizzazione ottica dell'immagine, era capace di scattare foto di alta qualità, anche in condizioni di scarsa illuminazione. La fotocamera anteriore da 1.2 MP, sebbene modesta, era adeguata per videochiamate e selfie.

Questo modello era equipaggiato con Windows Phone 8.1, un sistema operativo noto per la sua interfaccia utente a piastrelle e l'integrazione con i servizi Microsoft. Una caratteristica interessante del Lumia 930 era la sua capacità di ricarica wireless, una comodità non ancora diffusa nel 2014.

Curiosità: il Nokia Lumia 930 è stato uno degli ultimi modelli di punta rilasciati sotto il marchio Nokia prima che la divisione mobile dell'azienda venisse acquisita da Microsoft. Questo dispositivo è spesso ricordato con affetto dai fan di Windows Phone per la sua combinazione di design, prestazioni e qualità fotografica.

82. Motorola Moto G (2014)

Il Motorola Moto G del 2014 rappresenta uno dei più importanti telefoni nella storia recente di Motorola, noto per aver ridefinito il segmento dei telefoni economici. Con il Moto G, Motorola è riuscita a offrire un'esperienza smartphone di qualità a un prezzo accessibile, rendendolo estremamente popolare tra i consumatori con budget limitati.

Il dispositivo dispone di un display LCD IPS da 4.5 pollici con risoluzione HD (1280x720), che garantisce una buona qualità visiva per la sua fascia di prezzo. Alimentato da un processore quad-core Qualcomm Snapdragon 400 e 1 GB di RAM, il Moto G è stato progettato per offrire prestazioni adeguate per le attività quotidiane, come la navigazione web, l'uso di app e i social media.

Uno degli aspetti distintivi del Moto G era il suo design personalizzabile, con cover posteriori intercambiabili di vari colori, che permettevano agli utenti di esprimere il proprio stile. La fotocamera posteriore da 5 MP e quella anteriore da 1.3 MP, sebbene non eccezionali, erano sufficienti per foto casuali e videochiamate.

Curiosità: Il Moto G è stato un punto di svolta per Motorola, aiutando l'azienda a riconquistare una quota di mercato significativa in vari paesi, tra cui India e Brasile. È spesso citato come uno dei migliori telefoni economici mai prodotti, e ha stabilito nuovi standard per ciò che i consumatori potevano aspettarsi in quella fascia di prezzo.

83. BlackBerry Passport (2014)

Il BlackBerry Passport è un dispositivo unico nel suo genere, lanciato nel 2014, che cerca di combinare la produttività di un laptop con la portabilità di uno smartphone. Il suo design distintivo, con un display quadrato da 4.5 pollici e una tastiera fisica QWERTY, lo distingue immediatamente dalla concorrenza.

Lo schermo del Passport, con una risoluzione di 1440x1440 pixel, offre un'ampia area di visualizzazione ideale per leggere documenti, navigare sul web e gestire email. La tastiera fisica, una caratteristica distintiva di BlackBerry, è stata migliorata con funzionalità touch, permettendo agli utenti di scorrere e selezionare testi direttamente dalla tastiera stessa.

Il dispositivo è alimentato da un processore Qualcomm Snapdragon 801, 3 GB di RAM e 32 GB di memoria interna espandibile tramite microSD. La fotocamera posteriore da 13 MP con stabilizzazione ottica dell'immagine garantisce scatti nitidi e di qualità, mentre la batteria da 3450 mAh assicura una lunga durata, fondamentale per i professionisti in movimento.

Curiosità: Il BlackBerry Passport ha ricevuto elogi per la sua audace scelta di design e la sua attenzione alla produttività, ma è stato anche criticato per la mancanza di app rispetto ai concorrenti Android e iOS. Nonostante ciò, ha mantenuto una base di fan leali tra coloro che privilegiano la sicurezza e l'efficienza lavorativa.

84. Huawei Ascend Mate 7 (2014)

Il Huawei Ascend Mate 7, lanciato nel 2014, è uno smartphone che ha segnato un importante passo avanti per Huawei nel mercato dei phablet. Con il suo grande display IPS LCD da 6 pollici con risoluzione Full HD (1920x1080), l'Ascend Mate 7 è perfetto per chi cerca un dispositivo con un ampio schermo per multimedia e produttività.

Il Mate 7 è alimentato da un processore octa-core HiSilicon Kirin 925, supportato da 2 o 3 GB di RAM a seconda della versione, offrendo prestazioni solide per l'epoca. La memoria interna variava tra 16 GB e 32 GB, espandibile tramite microSD. Una delle caratteristiche più notevoli del Mate 7 è la sua batteria da 4100 mAh, che garantisce un'autonomia eccellente, permettendo agli utenti di utilizzare il telefono intensamente per tutto il giorno senza preoccupazioni.

La fotocamera posteriore da 13 MP e quella anteriore da 5 MP offrono buone prestazioni fotografiche, adatte per la maggior parte delle situazioni quotidiane. Un'altra innovazione introdotta con questo modello è il sensore di impronte digitali, posizionato sul retro del dispositivo, che permette un accesso rapido e sicuro.

Curiosità: Il Huawei Ascend Mate 7 è stato uno dei primi dispositivi a dimostrare le capacità di Huawei di competere nel segmento premium, non solo per le sue specifiche tecniche ma anche per la qualità costruttiva e il design. Questo modello ha contribuito significativamente a migliorare la reputazione globale di Huawei come produttore di smartphone di alta qualità.

85. LG G3 (2014)

L'LG G3, rilasciato nel 2014, è stato un dispositivo pionieristico che ha portato numerose innovazioni nel mercato degli smartphone. Una delle sue caratteristiche principali è il display Quad HD da 5.5 pollici con una risoluzione di 2560x1440, una delle più alte disponibili al momento del lancio. Questo schermo offriva una nitidezza e una qualità visiva eccezionali, rendendo l'esperienza multimediale davvero immersiva.

Sotto il cofano, l'LG G3 era alimentato da un processore quad-core Qualcomm Snapdragon 801, abbinato a 2 o 3 GB di RAM, a seconda della variante. La memoria interna variava tra 16 GB e 32 GB, espandibile tramite microSD, offrendo ampio spazio per app e contenuti multimediali. La batteria da 3000 mAh era removibile, una caratteristica apprezzata da molti utenti per la sua praticità. Il comparto fotografico del G3 era altrettanto impressionante, con una fotocamera posteriore da 13 MP dotata di stabilizzazione ottica dell'immagine e un autofocus laser, una novità all'epoca, che permetteva di mettere a fuoco in maniera estremamente rapida e precisa. La fotocamera anteriore da 2.1 MP era sufficiente per selfie e videochiamate.

Curiosità: L'LG G3 è stato uno dei primi smartphone a introdurre il concetto di schermo senza bordi (bezel-less), massimizzando l'area del display rispetto alle dimensioni del dispositivo. Questo modello ha stabilito nuovi standard nel design degli smartphone e ha contribuito a spingere l'industria verso display ad alta risoluzione e form factor più compatti.

86. Apple iPhone 6S (2015)

 L'iPhone 6S, lanciato nel settembre 2015, rappresenta un'evoluzione significativa rispetto al suo predecessore, l'iPhone 6. Mantenendo un design simile con un corpo in alluminio e uno schermo Retina HD da 4.7 pollici, l'iPhone 6S introduce una serie di miglioramenti hardware e software che lo rendono un dispositivo molto potente.

Il cuore dell'iPhone 6S è il chip A9 con architettura a 64 bit, che offre prestazioni significativamente migliorate sia in termini di velocità che di efficienza energetica. Il dispositivo è inoltre dotato di 2 GB di RAM, raddoppiando la memoria del modello precedente, il che consente un multitasking più fluido e una gestione migliore delle app.

Una delle innovazioni più rilevanti è l'introduzione del 3D Touch, una tecnologia che permette al display di rilevare diversi livelli di pressione, aprendo nuove possibilità di interazione con il dispositivo. La fotocamera iSight posteriore da 12 MP offre una qualità d'immagine eccellente e può registrare video in 4K, mentre la fotocamera anteriore da 5 MP è dotata di Retina Flash per selfie migliorati.

Curiosità: L'iPhone 6S è stato il primo modello di iPhone a includere il "Hey Siri" sempre attivo, che consente di attivare l'assistente vocale senza dover premere alcun pulsante. Questo modello ha anche migliorato significativamente la robustezza grazie all'uso di una lega di alluminio serie 7000, più resistente alle piegature rispetto ai modelli precedenti.

87. Samsung Galaxy S6 (2015)

Il Samsung Galaxy S6, lanciato nel 2015, rappresenta un cambiamento radicale rispetto ai precedenti modelli della serie Galaxy S. Abbandonando la costruzione in plastica, il Galaxy S6 sfoggia un design premium in vetro e metallo, con un corpo sottile e rifinito che ha ricevuto ampi consensi.

Il dispositivo è dotato di un display Super AMOLED da 5.1 pollici con risoluzione Quad HD (2560x1440), offrendo una delle migliori esperienze visive disponibili sul mercato. Alimentato da un processore octa-core Exynos 7420, uno dei più potenti del suo tempo, il Galaxy S6 garantisce prestazioni eccezionali. Viene fornito con 3 GB di RAM e opzioni di memoria interna che vanno da 32 GB a 128 GB, senza possibilità di espansione tramite microSD.

Il comparto fotografico del Galaxy S6 è altrettanto impressionante, con una fotocamera posteriore da 16 MP dotata di stabilizzazione ottica dell'immagine e apertura f/1.9, che consente di scattare foto eccellenti anche in condizioni di scarsa illuminazione. La fotocamera anteriore da 5 MP offre buone prestazioni per selfie e videochiamate.

Curiosità: Il Galaxy S6 è stato uno dei primi dispositivi Samsung a supportare la ricarica wireless e la ricarica rapida, introducendo un livello di comodità molto apprezzato dagli utenti. Nonostante la rimozione della batteria removibile e dello slot microSD, il design elegante e le prestazioni superiori hanno fatto del Galaxy S6 uno dei telefoni più popolari del 2015.

88. HTC One M9 (2015)

L'HTC One M9, rilasciato nel marzo 2015, è un'evoluzione del design iconico della serie One, noto per il suo corpo unibody in metallo e le linee eleganti. Il dispositivo mantiene un display Super LCD3 da 5 pollici con risoluzione Full HD (1920x1080), offrendo colori vividi e una buona visibilità anche sotto la luce diretta del sole.

Sotto il cofano, l'One M9 è alimentato da un processore octa-core Qualcomm Snapdragon 810, abbinato a 3 GB di RAM, che garantisce prestazioni fluide e rapide. La memoria interna da 32 GB è espandibile tramite microSD, offrendo ampio spazio per app e contenuti multimediali. La batteria da 2840 mAh, sebbene non removibile, offre una buona autonomia per un utilizzo giornaliero.

Una delle caratteristiche distintive dell'One M9 è la fotocamera posteriore da 20 MP con doppio flash LED, capace di catturare dettagli nitidi e colori vivaci. La fotocamera anteriore utilizza la tecnologia UltraPixel di HTC, che permette di catturare più luce per selfie migliori in condizioni di scarsa illuminazione.

Curiosità: L'HTC One M9 è noto anche per il suo sistema audio BoomSound, con altoparlanti stereo frontali dotati di amplificatori dedicati, che offrono un'esperienza sonora superiore rispetto alla maggior parte degli smartphone dell'epoca. Questo modello ha consolidato la reputazione di HTC come produttore di dispositivi di alta qualità con un focus particolare su design e audio.

89. Google Nexus 5X (2015)

Il Google Nexus 5X, sviluppato in collaborazione con LG e rilasciato nel 2015, è un dispositivo che punta a offrire un'esperienza Android pura e prestazioni solide a un prezzo competitivo. Dotato di un display LCD IPS da 5.2 pollici con risoluzione Full HD (1920x1080), il Nexus 5X garantisce una buona qualità visiva e un'ottima densità di pixel.

Il cuore del Nexus 5X è il processore hexa-core Qualcomm Snapdragon 808, abbinato a 2 GB di RAM, che assicura prestazioni fluide per la maggior parte delle applicazioni e dei giochi. Disponibile in varianti da 16 GB e 32 GB, il dispositivo non supporta l'espansione tramite microSD, il che potrebbe essere un limite per alcuni utenti. Il comparto fotografico del Nexus 5X è composto da una fotocamera posteriore da 12.3 MP con apertura f/2.0, che offre buone prestazioni anche in condizioni di scarsa illuminazione grazie ai pixel di dimensioni maggiori. La fotocamera anteriore da 5 MP è adeguata per selfie e videochiamate. Una delle innovazioni principali è il sensore di impronte digitali sul retro, che permette di sbloccare il dispositivo in modo rapido e sicuro.

Curiosità: Il Nexus 5X è stato uno dei primi dispositivi a eseguire Android 6.0 Marshmallow, introducendo nuove funzionalità come Google Now on Tap e il supporto nativo per il lettore di impronte digitali. Questo modello è apprezzato per la sua combinazione di prezzo accessibile, software aggiornato e prestazioni affidabili, rendendolo una scelta popolare tra gli appassionati di Android.

90. Huawei P8 (2015)

Il Huawei P8, rilasciato nel 2015, è uno smartphone elegante che combina design raffinato e prestazioni potenti. Con il suo corpo in metallo sottile e lo schermo da 5.2 pollici Full HD (1920x1080), il P8 offre un'esperienza visiva di alta qualità in un design premium.

Alimentato da un processore octa-core HiSilicon Kirin 930 e supportato da 3 GB di RAM, il Huawei P8 garantisce prestazioni fluide e reattive. La memoria interna varia tra 16 GB e 64 GB, espandibile tramite microSD, fornendo ampio spazio per app, foto e video. La batteria da 2680 mAh offre una buona autonomia, anche se non è removibile.

La fotocamera posteriore da 13 MP del P8 è dotata di stabilizzazione ottica dell'immagine e di un'innovativa tecnologia di sensori RGBW, che migliora le prestazioni in condizioni di scarsa illuminazione. La fotocamera anteriore da 8 MP è ideale per selfie di alta qualità e videochiamate.

Curiosità: Il Huawei P8 ha introdotto una serie di funzionalità fotografiche avanzate, tra cui la modalità Light Painting, che permette di catturare scie luminose in movimento in maniera artistica. Questo modello ha contribuito a consolidare la reputazione di Huawei come uno dei principali innovatori nel settore degli smartphone, offrendo un equilibrio tra design elegante e funzionalità avanzate.

91. OnePlus 2 (2015)

Il OnePlus 2, lanciato nel 2015, è il successore del popolare OnePlus One e continua la tradizione dell'azienda di offrire dispositivi di alta qualità a prezzi competitivi. Conosciuto come il "Flagship Killer", il OnePlus 2 introduce diverse migliorie rispetto al modello precedente, pur mantenendo un prezzo accessibile.

Il dispositivo è dotato di un display LCD IPS da 5.5 pollici con risoluzione Full HD (1920x1080), che offre una buona qualità visiva con colori vividi e angoli di visualizzazione ampi. Alimentato dal processore octa-core Qualcomm Snapdragon 810 e supportato da 3 GB o 4 GB di RAM, il OnePlus 2 garantisce prestazioni elevate per la maggior parte delle applicazioni e dei giochi. Uno degli aspetti distintivi del OnePlus 2 è il suo design premium, con una cornice in lega di magnesio e un retro in plastica intercambiabile, che permette agli utenti di personalizzare l'aspetto del telefono. Il dispositivo include anche un lettore di impronte digitali, una novità per i dispositivi OnePlus, e una porta USB Type-C per una connessione e una ricarica più rapida.

Curiosità: Il OnePlus 2 è stato uno dei primi smartphone a essere venduto attraverso un sistema di inviti, che ha creato un'enorme aspettativa e una sensazione di esclusività tra i consumatori. Questo modello ha rafforzato la reputazione di OnePlus come produttore di dispositivi di alta qualità a prezzi competitivi, nonostante alcune critiche per la mancanza di NFC e per il surriscaldamento del processore Snapdragon 810.

92. Sony Xperia Z5 (2015)

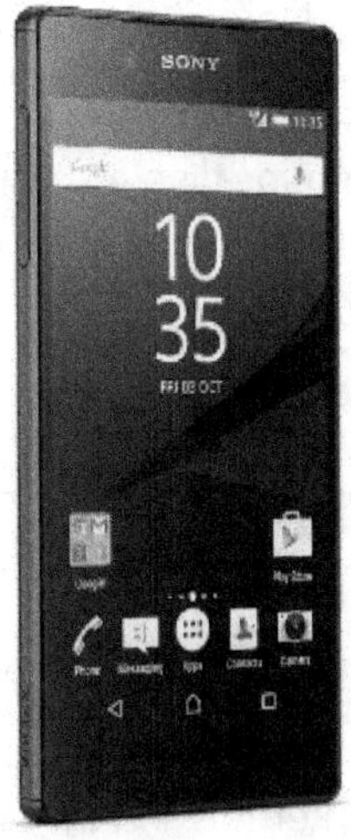

Il Sony Xperia Z5, lanciato nel 2015, rappresenta il culmine della serie Xperia Z di Sony, combinando un design elegante e prestazioni potenti. Questo dispositivo è dotato di un display IPS da 5.2 pollici con risoluzione Full HD (1920x1080), che offre una qualità visiva eccellente con colori vivaci e angoli di visualizzazione ampi.

Sotto il cofano, l'Xperia Z5 è alimentato da un processore octa-core Qualcomm Snapdragon 810, abbinato a 3 GB di RAM e 32 GB di memoria interna, espandibile tramite microSD. La batteria da 2900 mAh garantisce una buona autonomia, supportata da funzionalità di risparmio energetico avanzate.

Una delle caratteristiche più rilevanti dell'Xperia Z5 è la fotocamera posteriore da 23 MP con sensore Exmor RS, che offre una qualità d'immagine eccezionale e può registrare video in 4K. La fotocamera anteriore da 5.1 MP è ideale per selfie e videochiamate. Il dispositivo è anche resistente all'acqua e alla polvere, con certificazione IP68, rendendolo robusto e adatto a diverse condizioni ambientali.

Curiosità: Il Sony Xperia Z5 è stato uno dei primi smartphone a includere un lettore di impronte digitali integrato nel pulsante di accensione, posizionato lateralmente. Questo modello ha ricevuto elogi per la sua qualità costruttiva e le prestazioni della fotocamera, consolidando la reputazione di Sony come produttore di smartphone premium.

93. Samsung Galaxy Note 5 (2015)

Il Samsung Galaxy Note 5, rilasciato nel 2015, è un phablet che continua la tradizione della serie Note di combinare un ampio display con funzionalità avanzate per la produttività. Il Note 5 è dotato di un display Super AMOLED da 5.7 pollici con risoluzione Quad HD (2560x1440), che offre una qualità visiva straordinaria con colori vivaci e neri profondi.

Il dispositivo è alimentato da un processore octa-core Exynos 7420, abbinato a 4 GB di RAM, che garantisce prestazioni eccezionali per il multitasking e le applicazioni più impegnative. La memoria interna varia tra 32 GB e 64 GB, ma non è espandibile tramite microSD, una scelta che ha suscitato qualche critica tra gli utenti. Il comparto fotografico del Note 5 include una fotocamera posteriore da 16 MP con stabilizzazione ottica dell'immagine e apertura f/1.9, che permette di scattare foto di alta qualità anche in condizioni di scarsa illuminazione. La fotocamera anteriore da 5 MP è ideale per selfie e videochiamate. Una delle caratteristiche distintive del Note 5 è la S Pen, uno stilo avanzato che offre funzionalità aggiuntive per la produttività e la creatività.

Curiosità: Il Galaxy Note 5 ha introdotto una serie di miglioramenti alla S Pen, inclusa una maggiore precisione e nuove funzionalità software, come la possibilità di prendere appunti direttamente sullo schermo spento. Questo modello ha consolidato la reputazione della serie Note come scelta ideale per gli utenti alla ricerca di un dispositivo potente e versatile.

94. Apple iPhone SE (2016)

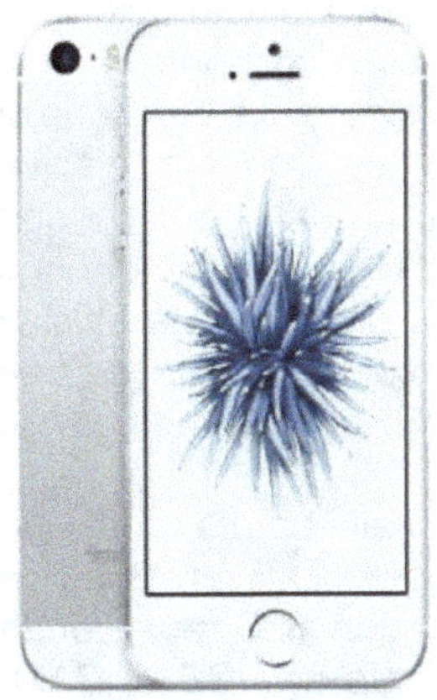

L'Apple iPhone SE, lanciato nel marzo 2016, è un ritorno alle dimensioni compatte dei primi modelli di iPhone, combinando il design dell'iPhone 5S con l'hardware avanzato dell'iPhone 6S. Con un display Retina da 4 pollici con risoluzione 1136x640, l'iPhone SE offre una qualità visiva eccellente in un formato compatto e maneggevole.

Il dispositivo è alimentato dal chip A9 di Apple, lo stesso utilizzato nell'iPhone 6S, che garantisce prestazioni elevate sia per le applicazioni quotidiane che per i giochi più impegnativi. Con 2 GB di RAM e opzioni di memoria interna da 16 GB, 32 GB, 64 GB e 128 GB, l'iPhone SE offre ampio spazio per app e contenuti multimediali.

La fotocamera iSight posteriore da 12 MP è capace di scattare foto di alta qualità e registrare video in 4K, mentre la fotocamera anteriore da 1.2 MP è adatta per selfie e videochiamate. Il dispositivo supporta anche Apple Pay grazie al chip NFC integrato e include il lettore di impronte digitali Touch ID per una maggiore sicurezza.

Curiosità: L'iPhone SE è stato accolto positivamente dagli utenti che preferiscono dispositivi più compatti senza rinunciare alle prestazioni avanzate. È stato anche lodato per la sua durata della batteria, superiore a quella dell'iPhone 5S grazie alle ottimizzazioni del chip A9. Questo modello ha rappresentato una scelta popolare per chi cercava un iPhone di alta qualità a un prezzo più accessibile.

95. Samsung Galaxy S7 (2016)

 Il Samsung Galaxy S7, lanciato nel 2016, è un dispositivo che combina design elegante, prestazioni potenti e una serie di funzionalità avanzate. Con un display Super AMOLED da 5.1 pollici con risoluzione Quad HD (2560x1440), il Galaxy S7 offre una qualità visiva eccezionale con colori vivaci e neri profondi.

Il dispositivo è alimentato da un processore octa-core Exynos 8890 o Qualcomm Snapdragon 820, a seconda della regione, abbinato a 4 GB di RAM, che garantisce prestazioni elevate per il multitasking e le applicazioni più impegnative. La memoria interna varia tra 32 GB e 64 GB, espandibile tramite microSD, offrendo ampio spazio per app e contenuti multimediali. Il comparto fotografico del Galaxy S7 include una fotocamera posteriore da 12 MP con apertura f/1.7 e stabilizzazione ottica dell'immagine, che offre prestazioni eccellenti anche in condizioni di scarsa illuminazione. La fotocamera anteriore da 5 MP è ideale per selfie e videochiamate. Il dispositivo è anche resistente all'acqua e alla polvere, con certificazione IP68.

Curiosità: Il Galaxy S7 ha segnato il ritorno dello slot microSD, una caratteristica molto richiesta dagli utenti dopo la sua assenza nel Galaxy S6. Questo modello è stato anche uno dei primi a introdurre la ricarica rapida wireless, offrendo una maggiore comodità per gli utenti. Il Galaxy S7 ha ricevuto ampi consensi per il suo design, le prestazioni e la qualità fotografica, consolidando la posizione di Samsung come leader nel mercato degli smartphone premium.

96. Google Pixel (2016)

Il Google Pixel, lanciato nel 2016, è il primo smartphone progettato interamente da Google, segnando l'inizio della serie Pixel. Con un design elegante e un'esperienza Android pura, il Pixel è stato concepito per offrire prestazioni elevate e una perfetta integrazione con i servizi di Google.

Il dispositivo è dotato di un display AMOLED da 5 pollici con risoluzione Full HD (1920x1080), che offre colori vividi e un'eccellente qualità visiva. Alimentato dal processore quad-core Qualcomm Snapdragon 821 e supportato da 4 GB di RAM, il Pixel garantisce prestazioni fluide e rapide per tutte le applicazioni e i giochi. Il comparto fotografico del Pixel include una fotocamera posteriore da 12.3 MP con apertura f/2.0 e stabilizzazione elettronica dell'immagine, che offre scatti di alta qualità con eccellenti prestazioni in condizioni di scarsa illuminazione. La fotocamera anteriore da 8 MP è ideale per selfie e videochiamate. Una delle caratteristiche distintive del Pixel è il Google Assistant integrato, che offre un'esperienza di assistenza vocale avanzata.

Curiosità: Il Google Pixel è stato molto apprezzato per la qualità delle sue foto, grazie al software di elaborazione delle immagini di Google, che ha permesso al dispositivo di competere con i migliori smartphone sul mercato. Inoltre, il Pixel è stato uno dei primi dispositivi a ricevere aggiornamenti software diretti da Google, garantendo una sicurezza e una fluidità del sistema operativo superiori.

97. OnePlus 3 (2016)

Il OnePlus 3, rilasciato nel 2016, è uno smartphone che continua la tradizione di OnePlus di offrire dispositivi di alta qualità a prezzi competitivi. Con un design elegante in alluminio unibody, il OnePlus 3 offre una combinazione di estetica premium e prestazioni elevate.

Il dispositivo è dotato di un display Optic AMOLED da 5.5 pollici con risoluzione Full HD (1920x1080), che offre colori vividi e neri profondi. Alimentato dal processore quad-core Qualcomm Snapdragon 820 e supportato da ben 6 GB di RAM, il OnePlus 3 garantisce prestazioni eccezionali per il multitasking e le applicazioni più esigenti. La memoria interna è di 64 GB, non espandibile tramite microSD. Il comparto fotografico del OnePlus 3 include una fotocamera posteriore da 16 MP con apertura f/2.0 e stabilizzazione ottica ed elettronica dell'immagine, che offre scatti di alta qualità e video fluidi. La fotocamera anteriore da 8 MP è ideale per selfie e videochiamate. Una delle innovazioni principali del OnePlus 3 è la ricarica rapida Dash Charge, che permette di ricaricare il dispositivo in modo estremamente rapido.

Curiosità: Il OnePlus 3 è stato uno dei primi smartphone a offrire 6 GB di RAM, una quantità impressionante per l'epoca, che ha contribuito a migliorare significativamente le prestazioni multitasking del dispositivo. Questo modello ha consolidato la reputazione di OnePlus come produttore di smartphone di alta qualità con un eccellente rapporto qualità-prezzo.

98. Huawei P9 (2016)

Il Huawei P9, lanciato nel 2016, è uno smartphone che ha segnato un importante passo avanti per Huawei, grazie alla collaborazione con Leica per il comparto fotografico. Con un design elegante in alluminio e un display IPS-NEO LCD da 5.2 pollici con risoluzione Full HD (1920x1080), il P9 offre un'esperienza visiva di alta qualità.

Il dispositivo è alimentato dal processore octa-core HiSilicon Kirin 955, supportato da 3 GB o 4 GB di RAM a seconda della variante. La memoria interna varia tra 32 GB e 64 GB, espandibile tramite microSD, fornendo ampio spazio per app e contenuti multimediali. La batteria da 3000 mAh offre una buona autonomia per l'uso quotidiano.

La caratteristica distintiva del P9 è il sistema di doppia fotocamera posteriore sviluppato in collaborazione con Leica, che include due sensori da 12 MP, uno RGB e uno monocromatico. Questo setup permette di catturare immagini con maggiore dettaglio e contrasto. La fotocamera anteriore da 8 MP è ideale per selfie di alta qualità.

Curiosità: Il Huawei P9 è stato uno dei primi smartphone a utilizzare un sistema di doppia fotocamera, che ha influenzato significativamente il design dei futuri dispositivi Huawei e di altri produttori. La collaborazione con Leica ha elevato il profilo del P9, rendendolo molto popolare tra gli appassionati di fotografia.

99. LG G5 (2016)

Il LG G5, lanciato nel 2016, è uno smartphone innovativo che introduce un design modulare, permettendo agli utenti di aggiungere accessori e migliorare le funzionalità del dispositivo. Con un corpo in metallo e un display IPS LCD da 5.3 pollici con risoluzione Quad HD (2560x1440), il G5 offre una qualità visiva eccellente.

Il dispositivo è alimentato da un processore quad-core Qualcomm Snapdragon 820, supportato da 4 GB di RAM, che garantisce prestazioni elevate per il multitasking e le applicazioni più esigenti. La memoria interna è di 32 GB, espandibile tramite microSD, offrendo ampio spazio per app e contenuti multimediali.

Il comparto fotografico del G5 include una doppia fotocamera posteriore, con un sensore principale da 16 MP e un sensore grandangolare da 8 MP, che permette di catturare scatti con diverse prospettive. La fotocamera anteriore da 8 MP è ideale per selfie e videochiamate. La batteria da 2800 mAh è removibile, permettendo agli utenti di sostituirla facilmente.

Curiosità: Il LG G5 è stato uno dei primi smartphone a introdurre un design modulare, permettendo agli utenti di aggiungere moduli come il Cam Plus, che migliora l'ergonomia e aggiunge funzionalità alla fotocamera, e l'Hi-Fi Plus, che migliora la qualità audio. Nonostante l'innovazione, il design modulare non ha avuto il successo sperato, ma il G5 è rimasto un dispositivo apprezzato per le sue caratteristiche uniche.

100. Sony Xperia XZ (2016)

Il Sony Xperia XZ, lanciato nel 2016, è un dispositivo di punta che combina un design elegante e prestazioni elevate. Con un display IPS LCD da 5.2 pollici con risoluzione Full HD (1920x1080), l'Xperia XZ offre una qualità visiva eccellente con colori vividi e angoli di visualizzazione ampi.

Il dispositivo è alimentato da un processore quad-core Qualcomm Snapdragon 820, abbinato a 3 GB di RAM, che garantisce prestazioni elevate per il multitasking e le applicazioni più esigenti. La memoria interna varia tra 32 GB e 64 GB, espandibile tramite microSD, fornendo ampio spazio per app e contenuti multimediali. La batteria da 2900 mAh supporta la ricarica rapida e offre una buona autonomia per l'uso quotidiano. Il comparto fotografico del Sony Xperia XZ è uno dei suoi punti di forza, con una fotocamera posteriore da 23 MP dotata di sensore Exmor RS, stabilizzazione dell'immagine e autofocus predittivo, che permette di scattare foto di alta qualità anche in movimento. La fotocamera anteriore da 13 MP è ideale per selfie di alta qualità e videochiamate.

Curiosità: Il Sony Xperia XZ è noto per la sua resistenza all'acqua e alla polvere, con certificazione IP68, che lo rende robusto e adatto a diverse condizioni ambientali. Questo modello ha ricevuto elogi per la qualità costruttiva, le prestazioni della fotocamera e l'esperienza d'uso complessiva, consolidando la reputazione di Sony come produttore di smartphone premium.

101. Apple iPhone 7 (2016)

L'iPhone 7, lanciato da Apple nel settembre 2016, rappresenta un'evoluzione significativa rispetto ai suoi predecessori. Con un design simile all'iPhone 6 e 6S, l'iPhone 7 introduce importanti miglioramenti, tra cui la rimozione del jack audio da 3,5 mm, che ha suscitato molte discussioni tra gli utenti.

Il dispositivo è dotato di un display Retina HD da 4,7 pollici con risoluzione 1334x750, che offre una buona qualità visiva con colori vivaci e una maggiore luminosità. Alimentato dal chip A10 Fusion, un processore quad-core, l'iPhone 7 offre prestazioni eccellenti e una maggiore efficienza energetica. Con opzioni di memoria interna che vanno da 32 GB a 256 GB, gli utenti hanno molto spazio per app, foto e video.

Una delle novità più rilevanti dell'iPhone 7 è il sistema di fotocamere migliorato. La fotocamera posteriore da 12 MP è dotata di stabilizzazione ottica dell'immagine, apertura f/1.8 e un flash True Tone quad-LED, che consente di scattare foto di alta qualità anche in condizioni di scarsa illuminazione. La fotocamera anteriore da 7 MP è ideale per selfie e videochiamate.

Curiosità: L'iPhone 7 è stato il primo modello a essere resistente all'acqua e alla polvere con certificazione IP67. Inoltre, la rimozione del jack audio ha spianato la strada all'introduzione degli AirPods, gli auricolari wireless di Apple, che sono diventati estremamente popolari. Questo modello ha anche introdotto nuove opzioni di colore, come il Jet Black e il Black opaco.

102. Samsung Galaxy S8 (2017)

Il Samsung Galaxy S8, rilasciato nel 2017, rappresenta un importante punto di svolta nel design degli smartphone Samsung, grazie all'introduzione dell'Infinity Display. Con uno schermo Super AMOLED da 5,8 pollici con risoluzione Quad HD+ (2960x1440), il Galaxy S8 offre un'esperienza visiva immersiva con colori vibranti e neri profondi.

Il dispositivo è alimentato da un processore octa-core Exynos 8895 o Qualcomm Snapdragon 835, a seconda della regione, e supportato da 4 GB di RAM, che garantisce prestazioni elevate per il multitasking e le applicazioni più impegnative. La memoria interna da 64 GB è espandibile tramite microSD fino a 256 GB, offrendo ampio spazio per app e contenuti multimediali. La fotocamera posteriore da 12 MP con apertura f/1.7 e stabilizzazione ottica dell'immagine offre scatti di alta qualità anche in condizioni di scarsa illuminazione. La fotocamera anteriore da 8 MP è ideale per selfie e videochiamate. Il Galaxy S8 include anche un lettore di impronte digitali sul retro, un lettore dell'iride e il riconoscimento facciale per una maggiore sicurezza.

Curiosità: Il Galaxy S8 è stato uno dei primi smartphone a introdurre Bixby, l'assistente virtuale di Samsung. Inoltre, il design innovativo con bordi curvi ha stabilito nuovi standard nel settore degli smartphone, influenzando il design di molti dispositivi successivi. Questo modello ha anche ricevuto elogi per la sua resistenza all'acqua e alla polvere con certificazione IP68.

103. Google Pixel 2 (2017)

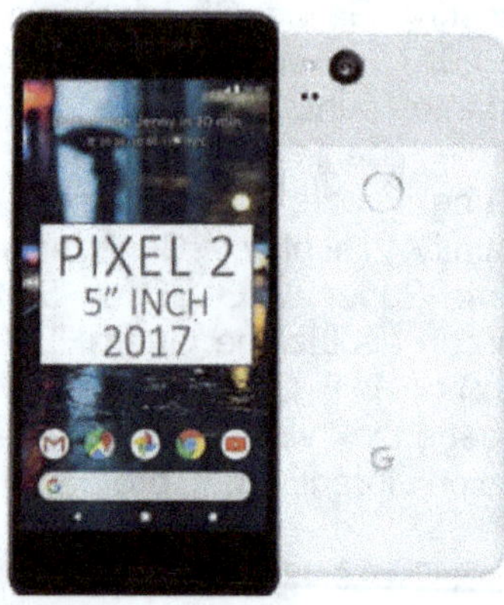

Il Google Pixel 2, lanciato nel 2017, continua la tradizione di Google di offrire un'esperienza Android pura con prestazioni eccellenti e una fotocamera di alta qualità. Con un design minimalista e un display AMOLED da 5 pollici con risoluzione Full HD (1920x1080), il Pixel 2 offre una buona qualità visiva e una perfetta integrazione con i servizi Google.

Il dispositivo è alimentato dal processore octa-core Qualcomm Snapdragon 835, supportato da 4 GB di RAM, che garantisce prestazioni fluide e reattive per tutte le applicazioni e i giochi. La memoria interna varia tra 64 GB e 128 GB, senza possibilità di espansione tramite microSD. La fotocamera posteriore da 12.2 MP con apertura f/1.8 e stabilizzazione ottica ed elettronica dell'immagine è uno dei punti di forza del Pixel 2, offrendo scatti eccezionali con eccellenti prestazioni in condizioni di scarsa illuminazione. La fotocamera anteriore da 8 MP è ideale per selfie e videochiamate. Il dispositivo include anche il Google Assistant, che offre un'esperienza di assistenza vocale avanzata.

Curiosità: Il Google Pixel 2 è stato molto apprezzato per le sue capacità fotografiche, grazie al software di elaborazione delle immagini di Google, che ha permesso al dispositivo di competere con i migliori smartphone sul mercato. Inoltre, è stato uno dei primi dispositivi a supportare Google Lens, una funzionalità che permette di ottenere informazioni sugli oggetti inquadrati con la fotocamera.

104. OnePlus 5 (2017)

Il OnePlus 5, lanciato nel 2017, continua la tradizione di OnePlus di offrire dispositivi di alta qualità a prezzi competitivi. Con un design elegante in alluminio e un display Optic AMOLED da 5.5 pollici con risoluzione Full HD (1920x1080), il OnePlus 5 offre un'esperienza visiva eccellente con colori vividi e neri profondi.

Il dispositivo è alimentato dal processore octa-core Qualcomm Snapdragon 835, supportato da 6 GB o 8 GB di RAM a seconda della variante, che garantisce prestazioni eccezionali per il multitasking e le applicazioni più esigenti. La memoria interna varia tra 64 GB e 128 GB, senza possibilità di espansione tramite microSD. Una delle caratteristiche distintive del OnePlus 5 è il comparto fotografico, con una doppia fotocamera posteriore che include un sensore principale da 16 MP e un teleobiettivo da 20 MP, permettendo di catturare immagini con maggiore dettaglio e versatilità. La fotocamera anteriore da 16 MP è ideale per selfie e videochiamate. Il dispositivo include anche il Dash Charge, che permette di ricaricare il telefono in modo estremamente rapido.

Curiosità: Il OnePlus 5 è stato uno dei primi smartphone a offrire 8 GB di RAM, una quantità impressionante per l'epoca, che ha contribuito a migliorare significativamente le prestazioni multitasking del dispositivo. Questo modello ha consolidato la reputazione di OnePlus come produttore di smartphone di alta qualità con un eccellente rapporto qualità-prezzo.

105. Huawei Mate 10 Pro (2017)

Il Huawei Mate 10 Pro, rilasciato nel 2017, è uno smartphone che combina un design elegante con prestazioni potenti e una batteria di lunga durata. Con un display OLED da 6 pollici con risoluzione Full HD+ (2160x1080), il Mate 10 Pro offre un'esperienza visiva eccezionale con colori vividi e neri profondi.

Il dispositivo è alimentato dal processore octa-core HiSilicon Kirin 970, supportato da 4 GB o 6 GB di RAM a seconda della variante. La memoria interna varia tra 64 GB e 128 GB, senza possibilità di espansione tramite microSD. La batteria da 4000 mAh garantisce un'ottima autonomia, supportata da funzionalità di ricarica rapida.

Il comparto fotografico del Mate 10 Pro è stato sviluppato in collaborazione con Leica e include una doppia fotocamera posteriore con un sensore RGB da 12 MP e un sensore monocromatico da 20 MP, che offre scatti di alta qualità con eccellente dettaglio e contrasto. La fotocamera anteriore da 8 MP è ideale per selfie e videochiamate.

Curiosità: Il Huawei Mate 10 Pro è stato uno dei primi smartphone a includere un'unità di elaborazione neurale (NPU) dedicata, che permette di migliorare le prestazioni dell'intelligenza artificiale e delle applicazioni di apprendimento automatico. Questo modello ha anche introdotto la modalità desktop, che permette di collegare il telefono a un monitor e utilizzarlo come un PC.

106. LG V30 (2017)

L'LG V30, lanciato nel 2017, è uno smartphone di punta che combina un design elegante e prestazioni potenti. Con un display P-OLED da 6 pollici con risoluzione Quad HD+ (2880x1440), il V30 offre un'esperienza visiva eccezionale con colori vividi e neri profondi.

Il dispositivo è alimentato dal processore octa-core Qualcomm Snapdragon 835, supportato da 4 GB di RAM, che garantisce prestazioni elevate per il multitasking e le applicazioni più esigenti. La memoria interna è di 64 GB o 128 GB, espandibile tramite microSD fino a 256 GB, offrendo ampio spazio per app e contenuti multimediali.

Il comparto fotografico del V30 include una doppia fotocamera posteriore con un sensore principale da 16 MP e un sensore grandangolare da 13 MP, che permette di catturare scatti con diverse prospettive. La fotocamera anteriore da 5 MP è ideale per selfie e videochiamate. Il dispositivo include anche una batteria da 3300 mAh con supporto per la ricarica rapida e wireless.

Curiosità: L'LG V30 è noto per le sue capacità audio, grazie al DAC Quad Hi-Fi integrato che offre una qualità sonora superiore rispetto alla maggior parte degli smartphone. Questo modello ha ricevuto elogi per la sua resistenza all'acqua e alla polvere con certificazione IP68 e per il design elegante con bordi sottili.

107. Sony Xperia XZ Premium (2017)

Il Sony Xperia XZ Premium, lanciato nel 2017, è uno smartphone di fascia alta che combina design elegante e tecnologie avanzate. Con un display LCD da 5,5 pollici con risoluzione 4K HDR (3840x2160), l'XZ Premium offre un'esperienza visiva senza pari con colori vividi e dettagli incredibili.

Il dispositivo è alimentato dal processore octa-core Qualcomm Snapdragon 835, supportato da 4 GB di RAM, che garantisce prestazioni elevate per il multitasking e le applicazioni più esigenti. La memoria interna è di 64 GB, espandibile tramite microSD fino a 256 GB, offrendo ampio spazio per app e contenuti multimediali.

Il comparto fotografico del XZ Premium include una fotocamera posteriore da 19 MP con tecnologia Motion Eye, che permette di registrare video in super slow-motion a 960 fps e catturare immagini con dettagli incredibili. La fotocamera anteriore da 13 MP è ideale per selfie di alta qualità e videochiamate.

Curiosità: Il Sony Xperia XZ Premium è stato uno dei primi smartphone a introdurre un display 4K HDR, stabilendo nuovi standard nel settore degli smartphone per la qualità visiva. Questo modello ha ricevuto numerosi premi per le sue innovazioni tecnologiche e la qualità costruttiva, consolidando la reputazione di Sony come leader nel settore degli smartphone premium.

108. Apple iPhone X (2017)

L'iPhone X, rilasciato nel 2017, segna il decimo anniversario dell'iPhone e introduce un design completamente nuovo con un display OLED edge-to-edge da 5.8 pollici e una risoluzione di 2436x1125, che offre una qualità visiva eccezionale con colori vividi e neri profondi.

Il dispositivo è alimentato dal chip A11 Bionic, un processore a sei core con una GPU integrata progettata da Apple, che garantisce prestazioni elevate e una maggiore efficienza energetica. L'iPhone X è disponibile con 64 GB o 256 GB di memoria interna, senza possibilità di espansione tramite microSD. Una delle novità più rilevanti dell'iPhone X è il sistema di riconoscimento facciale Face ID, che sostituisce il Touch ID e permette di sbloccare il dispositivo semplicemente guardandolo. Il comparto fotografico include una doppia fotocamera posteriore da 12 MP con stabilizzazione ottica dell'immagine su entrambi i sensori e un'apertura f/1.8 per il sensore principale. La fotocamera anteriore TrueDepth da 7 MP supporta il riconoscimento facciale e le nuove funzionalità di Animoji.

Curiosità: L'iPhone X è stato il primo modello di iPhone a eliminare il pulsante Home, introducendo un'interfaccia utente basata su gesti. Questo modello ha anche introdotto il supporto per la ricarica wireless e la modalità Portrait Lighting, che permette di creare effetti di illuminazione da studio per i ritratti. L'iPhone X ha stabilito nuovi standard nel design degli smartphone e ha influenzato l'intera industria.

109. Samsung Galaxy S9 (2018)

Il Samsung Galaxy S9, lanciato nel 2018, continua la tradizione di Samsung di combinare design elegante, prestazioni potenti e una serie di funzionalità avanzate. Con un display Super AMOLED da 5.8 pollici con risoluzione Quad HD+ (2960x1440), il Galaxy S9 offre un'esperienza visiva eccezionale con colori vividi e neri profondi.

Il dispositivo è alimentato da un processore octa-core Exynos 9810 o Qualcomm Snapdragon 845, a seconda della regione, supportato da 4 GB di RAM, che garantisce prestazioni elevate per il multitasking e le applicazioni più esigenti. La memoria interna è di 64 GB, espandibile tramite microSD fino a 400 GB, offrendo ampio spazio per app e contenuti multimediali. Il comparto fotografico del Galaxy S9 include una fotocamera posteriore da 12 MP con apertura variabile f/1.5-f/2.4 e stabilizzazione ottica dell'immagine, che permette di scattare foto di alta qualità in diverse condizioni di illuminazione. La fotocamera anteriore da 8 MP è ideale per selfie e videochiamate. Il dispositivo include anche un lettore di impronte digitali sul retro, un lettore dell'iride e il riconoscimento facciale per una maggiore sicurezza.

Curiosità: Il Galaxy S9 è stato uno dei primi smartphone a introdurre una fotocamera con apertura variabile, che permette di adattarsi meglio alle diverse condizioni di luce. Questo modello ha ricevuto elogi per la sua qualità costruttiva, le prestazioni della fotocamera e l'esperienza utente complessiva, consolidando la posizione di Samsung come leader nel mercato degli smartphone premium.

110. Google Pixel 3 (2018)

Il Google Pixel 3, lanciato nel 2018, continua la tradizione di Google di offrire un'esperienza Android pura con prestazioni eccellenti e una fotocamera di alta qualità. Con un design minimalista e un display OLED da 5.5 pollici con risoluzione Full HD+ (2160x1080), il Pixel 3 offre una buona qualità visiva e una perfetta integrazione con i servizi Google.

Il dispositivo è alimentato dal processore octa-core Qualcomm Snapdragon 845, supportato da 4 GB di RAM, che garantisce prestazioni fluide e reattive per tutte le applicazioni e i giochi. La memoria interna varia tra 64 GB e 128 GB, senza possibilità di espansione tramite microSD. La fotocamera posteriore da 12.2 MP con apertura f/1.8 e stabilizzazione ottica ed elettronica dell'immagine è uno dei punti di forza del Pixel 3, offrendo scatti eccezionali con eccellenti prestazioni in condizioni di scarsa illuminazione. La doppia fotocamera anteriore include un sensore principale da 8 MP e un sensore grandangolare da 8 MP, ideale per selfie di gruppo e videochiamate. Il dispositivo include anche il Google Assistant, che offre un'esperienza di assistenza vocale avanzata.

Curiosità: Il Google Pixel 3 è stato molto apprezzato per le sue capacità fotografiche, grazie al software di elaborazione delle immagini di Google, che ha permesso al dispositivo di competere con i migliori smartphone sul mercato. Inoltre, è stato uno dei primi dispositivi a introdurre la funzionalità Night Sight, che permette di scattare foto incredibili in condizioni di scarsa illuminazione senza bisogno del flash.

111. OnePlus 6T (2018)

Il OnePlus 6T, lanciato nel novembre 2018, rappresenta un ulteriore passo avanti per OnePlus nella sua missione di offrire smartphone di alta qualità a prezzi competitivi. Con un design elegante e moderno, il OnePlus 6T si distingue per il suo display AMOLED da 6.41 pollici con risoluzione Full HD+ (2340x1080), offrendo colori vivaci e neri profondi.

Il dispositivo è alimentato dal processore Qualcomm Snapdragon 845, supportato da 6 GB o 8 GB di RAM, garantendo prestazioni elevate e reattive per tutte le applicazioni. La memoria interna varia tra 128 GB e 256 GB, senza possibilità di espansione tramite microSD.

Una delle novità più rilevanti del OnePlus 6T è il lettore di impronte digitali integrato nel display, una tecnologia all'avanguardia per l'epoca. La doppia fotocamera posteriore include un sensore principale da 16 MP e un sensore secondario da 20 MP, che permettono di catturare immagini con grande dettaglio e luminosità. La fotocamera anteriore da 16 MP è ideale per selfie e videochiamate. Il dispositivo è dotato anche di una batteria da 3700 mAh con supporto per la ricarica rapida.

Curiosità: Il OnePlus 6T è stato uno dei primi smartphone a eliminare il jack audio da 3,5 mm, una scelta che ha suscitato diverse discussioni tra gli utenti. Inoltre, il 6T è stato il primo dispositivo OnePlus a essere venduto attraverso un operatore negli Stati Uniti, segnando un importante traguardo per l'azienda sul mercato internazionale.

112. Huawei P20 Pro (2018)

Il Huawei P20 Pro, rilasciato nel marzo 2018, è uno smartphone che ha stabilito nuovi standard nel comparto fotografico, grazie alla sua innovativa tripla fotocamera posteriore sviluppata in collaborazione con Leica. Con un design elegante e un display OLED da 6.1 pollici con risoluzione Full HD+ (2240x1080), il P20 Pro offre un'esperienza visiva di alta qualità.

Il dispositivo è alimentato dal processore octa-core HiSilicon Kirin 970, supportato da 6 GB di RAM, che garantisce prestazioni fluide e reattive. La memoria interna è di 128 GB, senza possibilità di espansione tramite microSD. La batteria da 4000 mAh offre un'ottima autonomia, supportata da funzionalità di ricarica rapida. Il sistema di tripla fotocamera posteriore include un sensore principale da 40 MP, un sensore monocromatico da 20 MP e un teleobiettivo da 8 MP, che permettono di catturare immagini con dettagli straordinari e prestazioni eccellenti in condizioni di scarsa illuminazione. La fotocamera anteriore da 24 MP è ideale per selfie di alta qualità.

Curiosità: Il Huawei P20 Pro è stato uno dei primi smartphone a utilizzare un sistema di tripla fotocamera, che ha rivoluzionato il settore della fotografia mobile. Questo modello ha ricevuto numerosi premi e riconoscimenti per le sue capacità fotografiche e ha contribuito a consolidare la reputazione di Huawei come uno dei principali innovatori nel settore degli smartphone.

113. LG G7 ThinQ (2018)

L'LG G7 ThinQ, lanciato nel maggio 2018, è uno smartphone che combina design elegante e tecnologie avanzate. Con un display LCD Super Bright da 6.1 pollici con risoluzione Quad HD+ (3120x1440), il G7 ThinQ offre un'esperienza visiva eccezionale con colori vividi e luminosità elevata, ideale anche sotto la luce diretta del sole.

Il dispositivo è alimentato dal processore octa-core Qualcomm Snapdragon 845, supportato da 4 GB o 6 GB di RAM a seconda della variante. La memoria interna varia tra 64 GB e 128 GB, espandibile tramite microSD fino a 2 TB. La batteria da 3000 mAh supporta la ricarica rapida e la ricarica wireless. Il comparto fotografico del G7 ThinQ include una doppia fotocamera posteriore con un sensore principale da 16 MP e un sensore grandangolare da 16 MP, che permette di catturare scatti con diverse prospettive. La fotocamera anteriore da 8 MP è ideale per selfie e videochiamate. Il dispositivo è anche dotato di funzionalità AI avanzate, che migliorano l'esperienza fotografica e l'uso quotidiano.

Curiosità: L'LG G7 ThinQ è noto per le sue capacità audio, grazie al Boombox Speaker integrato, che utilizza lo spazio interno del telefono come cassa di risonanza per amplificare il suono. Questo modello ha ricevuto elogi per la qualità sonora, la robustezza con certificazione MIL-STD-810G e la resistenza all'acqua e alla polvere con certificazione IP68.

114. Sony Xperia XZ3 (2018)

Il Sony Xperia XZ3, lanciato nel settembre 2018, è uno smartphone di fascia alta che combina design elegante e tecnologie avanzate. Con un display OLED da 6 pollici con risoluzione Quad HD+ (2880x1440), l'XZ3 offre un'esperienza visiva eccezionale con colori vividi e neri profondi, supportata dalla tecnologia HDR.

Il dispositivo è alimentato dal processore octa-core Qualcomm Snapdragon 845, supportato da 4 GB di RAM, che garantisce prestazioni elevate per il multitasking e le applicazioni più esigenti. La memoria interna è di 64 GB, espandibile tramite microSD fino a 512 GB, offrendo ampio spazio per app e contenuti multimediali. La batteria da 3330 mAh supporta la ricarica rapida e la ricarica wireless. Il comparto fotografico del XZ3 include una fotocamera posteriore da 19 MP con sensore Exmor RS, stabilizzazione elettronica dell'immagine e capacità di registrazione video in 4K HDR. La fotocamera anteriore da 13 MP è ideale per selfie di alta qualità e videochiamate. Il dispositivo include anche funzionalità AI avanzate per migliorare l'esperienza fotografica.

Curiosità: Il Sony Xperia XZ3 è stato uno dei primi smartphone a utilizzare un display OLED, stabilendo nuovi standard per la qualità visiva. Questo modello ha ricevuto elogi per la sua robustezza, la qualità costruttiva e l'integrazione della tecnologia HDR, che offre un'esperienza visiva superiore per i contenuti multimediali.

115. Apple iPhone XS (2018)

L'iPhone XS, lanciato nel settembre 2018, rappresenta un'evoluzione dell'iPhone X, migliorando ulteriormente le prestazioni e la qualità complessiva del dispositivo. Con un display Super Retina OLED da 5.8 pollici con risoluzione 2436x1125, l'iPhone XS offre un'esperienza visiva eccezionale con colori vividi e neri profondi.

Il dispositivo è alimentato dal chip A12 Bionic di Apple, un processore a sei core con una GPU integrata e un'unità di elaborazione neurale (NPU), che garantisce prestazioni elevate e una maggiore efficienza energetica. L'iPhone XS è disponibile con 64 GB, 256 GB o 512 GB di memoria interna, senza possibilità di espansione tramite microSD. Il comparto fotografico include una doppia fotocamera posteriore da 12 MP con stabilizzazione ottica dell'immagine su entrambi i sensori e apertura f/1.8 per il sensore principale. La fotocamera anteriore TrueDepth da 7 MP supporta il riconoscimento facciale Face ID e le nuove funzionalità di Animoji e Memoji.

Curiosità: L'iPhone XS ha introdotto il supporto per la doppia SIM tramite eSIM, permettendo agli utenti di utilizzare due numeri di telefono sullo stesso dispositivo. Questo modello ha anche migliorato la resistenza all'acqua e alla polvere con certificazione IP68 e ha introdotto nuovi effetti di profondità per la modalità ritratto, offrendo un maggiore controllo sulla sfocatura dello sfondo.

116. Samsung Galaxy S10 (2019)

Il Samsung Galaxy S10, rilasciato nel marzo 2019, celebra il decimo anniversario della serie Galaxy S con un design completamente nuovo e una serie di innovazioni tecnologiche. Con un display Dynamic AMOLED da 6.1 pollici con risoluzione Quad HD+ (3040x1440), il Galaxy S10 offre un'esperienza visiva eccezionale con colori vividi e neri profondi, supportato dalla tecnologia HDR10+.

Il dispositivo è alimentato da un processore octa-core Exynos 9820 o Qualcomm Snapdragon 855, a seconda della regione, supportato da 8 GB di RAM, che garantisce prestazioni elevate per il multitasking e le applicazioni più esigenti. La memoria interna varia tra 128 GB e 512 GB, espandibile tramite microSD fino a 1 TB. Il comparto fotografico del Galaxy S10 include una tripla fotocamera posteriore con un sensore principale da 12 MP, un teleobiettivo da 12 MP e un sensore ultra grandangolare da 16 MP, che permettono di catturare immagini con diverse prospettive e una qualità elevata. La fotocamera anteriore da 10 MP è ideale per selfie e videochiamate. Il dispositivo include anche un lettore di impronte digitali ultrasonico integrato nel display e il supporto per la ricarica wireless inversa.

Curiosità: Il Samsung Galaxy S10 è stato uno dei primi smartphone a introdurre un lettore di impronte digitali ultrasonico integrato nel display, che offre una maggiore sicurezza e precisione rispetto ai lettori ottici. Questo modello ha anche introdotto la funzionalità Wireless PowerShare, che permette di ricaricare altri dispositivi compatibili semplicemente posizionandoli sul retro del telefono.

117. Google Pixel 4 (2019)

Il Google Pixel 4, lanciato nell'ottobre 2019, continua la tradizione di Google di offrire un'esperienza Android pura con prestazioni eccellenti e una fotocamera di alta qualità. Con un design minimalista e un display OLED da 5.7 pollici con risoluzione Full HD+ (2280x1080), il Pixel 4 offre una buona qualità visiva e una perfetta integrazione con i servizi Google.

Il dispositivo è alimentato dal processore octa-core Qualcomm Snapdragon 855, supportato da 6 GB di RAM, che garantisce prestazioni fluide e reattive per tutte le applicazioni e i giochi. La memoria interna varia tra 64 GB e 128 GB, senza possibilità di espansione tramite microSD. Il comparto fotografico del Pixel 4 include una doppia fotocamera posteriore con un sensore principale da 12.2 MP e un teleobiettivo da 16 MP, che offre scatti di alta qualità con eccellenti prestazioni in condizioni di scarsa illuminazione. La fotocamera anteriore da 8 MP è ideale per selfie e videochiamate. Il dispositivo include anche il nuovo sistema di riconoscimento facciale Face Unlock e il radar Motion Sense, che permette di controllare il telefono con gesti senza toccarlo.

Curiosità: Il Google Pixel 4 è stato uno dei primi smartphone a includere un radar integrato, che permette di utilizzare i gesti per controllare il dispositivo senza toccarlo. Questo modello ha anche introdotto una modalità di astrofotografia, che permette di scattare foto incredibili del cielo notturno utilizzando la fotocamera principale e il software di elaborazione delle immagini di Google.

118. OnePlus 7 Pro (2019)

Il OnePlus 7 Pro, rilasciato nel maggio 2019, è uno smartphone che segna un passo avanti significativo per OnePlus, entrando nel segmento dei dispositivi di fascia alta con un design elegante e una serie di funzionalità avanzate. Con un display Fluid AMOLED da 6.67 pollici con risoluzione Quad HD+ (3120x1440) e una frequenza di aggiornamento di 90 Hz, il 7 Pro offre un'esperienza visiva eccezionale con colori vividi e una fluidità superiore.

Il dispositivo è alimentato dal processore octa-core Qualcomm Snapdragon 855, supportato da 6 GB, 8 GB o 12 GB di RAM a seconda della variante. La memoria interna varia tra 128 GB e 256 GB, senza possibilità di espansione tramite microSD. La batteria da 4000 mAh supporta la ricarica rapida Warp Charge 30. Il comparto fotografico del 7 Pro include una tripla fotocamera posteriore con un sensore principale da 48 MP, un teleobiettivo da 8 MP e un sensore ultra grandangolare da 16 MP, che permettono di catturare immagini con grande dettaglio e versatilità. La fotocamera anteriore da 16 MP è posizionata su un meccanismo a scomparsa, che permette di avere un display senza interruzioni.

Curiosità: Il OnePlus 7 Pro è stato uno dei primi smartphone a offrire una fotocamera anteriore a scomparsa, che consente di avere un display completamente privo di notch o fori. Questo modello ha ricevuto ampi consensi per la qualità costruttiva, le prestazioni e l'esperienza utente complessiva, consolidando la reputazione di OnePlus come produttore di smartphone di alta qualità.

119. Huawei Mate 30 Pro (2019)

Il Huawei Mate 30 Pro, lanciato nel settembre 2019, è uno smartphone di fascia alta che combina un design elegante e prestazioni potenti con un focus particolare sulle capacità fotografiche. Con un display OLED da 6.53 pollici con risoluzione Full HD+ (2400x1176) e bordi curvi, il Mate 30 Pro offre un'esperienza visiva immersiva.

Il dispositivo è alimentato dal processore octa-core HiSilicon Kirin 990, supportato da 8 GB di RAM, che garantisce prestazioni elevate per il multitasking e le applicazioni più esigenti. La memoria interna varia tra 128 GB e 256 GB, espandibile tramite NM Card fino a 256 GB. La batteria da 4500 mAh supporta la ricarica rapida, la ricarica wireless e la ricarica inversa. Il comparto fotografico del Mate 30 Pro include una quadrupla fotocamera posteriore con un sensore principale da 40 MP, un sensore ultra grandangolare da 40 MP, un teleobiettivo da 8 MP e un sensore di profondità 3D. Questa configurazione permette di catturare immagini con dettagli straordinari e prestazioni eccellenti in condizioni di scarsa illuminazione. La fotocamera anteriore da 32 MP è ideale per selfie di alta qualità.

Curiosità: Il Huawei Mate 30 Pro è stato uno dei primi smartphone a essere lanciato senza i servizi Google preinstallati, a causa delle restrizioni commerciali imposte dagli Stati Uniti. Questo modello ha introdotto nuove modalità di controllo tramite gesti aerei e ha migliorato ulteriormente le capacità di fotografia notturna, consolidando la reputazione di Huawei come leader nella fotografia mobile.

120. Apple iPhone 11 (2019)

L'iPhone 11, rilasciato nel settembre 2019, è uno smartphone che combina prestazioni potenti, un design elegante e un prezzo più accessibile rispetto ai modelli di punta della serie Pro. Con un display Liquid Retina HD da 6.1 pollici con risoluzione 1792x828, l'iPhone 11 offre una buona qualità visiva con colori vivaci e una luminosità elevata.

Il dispositivo è alimentato dal chip A13 Bionic di Apple, un processore a sei core con una GPU integrata e un'unità di elaborazione neurale (NPU), che garantisce prestazioni elevate e una maggiore efficienza energetica. L'iPhone 11 è disponibile con 64 GB, 128 GB o 256 GB di memoria interna, senza possibilità di espansione tramite microSD.

Il comparto fotografico include una doppia fotocamera posteriore da 12 MP con un sensore ultra grandangolare e uno grandangolare, che permettono di catturare immagini con diverse prospettive e una qualità elevata. La fotocamera anteriore TrueDepth da 12 MP supporta il riconoscimento facciale Face ID e le nuove funzionalità di Animoji e Memoji.

Curiosità: L'iPhone 11 ha introdotto una modalità notturna migliorata, che permette di scattare foto incredibili in condizioni di scarsa illuminazione senza bisogno del flash. Questo modello è stato molto apprezzato per il suo eccellente rapporto qualità-prezzo, offrendo molte delle funzionalità dei modelli di punta a un prezzo più accessibile.

Gli Smartphone del Futuro: Dal 2020 al 2024

Il periodo dal 2020 al 2024 ha visto l'affermazione di nuove tecnologie e innovazioni che hanno continuato a trasformare il panorama degli smartphone. Questi dispositivi sono diventati sempre più avanzati, integrando funzionalità all'avanguardia che hanno ridefinito l'esperienza utente e aperto nuove possibilità per la comunicazione, l'intrattenimento e la produttività.

L'Avvento del 5G

Il 5G, la quinta generazione di reti mobili, è diventato una realtà diffusa durante questi anni, portando con sé velocità di connessione straordinarie e una latenza minima. Questa tecnologia ha permesso una navigazione internet ultra-rapida, streaming video in alta definizione senza interruzioni e nuove applicazioni in realtà aumentata (AR) e realtà virtuale (VR). Gli smartphone compatibili con il 5G, come l'iPhone 12 e il Samsung Galaxy S21, sono diventati la norma, offrendo agli utenti un'esperienza di connettività senza precedenti.

Display Flessibili e Pieghevoli

Una delle innovazioni più significative in questo periodo è stata l'introduzione di display flessibili e pieghevoli. Aziende come Samsung, Huawei e Motorola hanno lanciato smartphone con schermi che si possono piegare, offrendo la possibilità di trasformare un dispositivo compatto in un tablet più grande. Il Samsung Galaxy Z Fold e il Huawei Mate X hanno mostrato come i display pieghevoli possono migliorare la multitasking e la visualizzazione dei contenuti, spingendo i confini del design e della funzionalità degli smartphone.

Fotocamere di Nuova Generazione

Le fotocamere degli smartphone hanno continuato a evolversi, integrando tecnologie avanzate come sensori ad altissima risoluzione, zoom ottico periscopico e capacità di fotografia computazionale. I dispositivi di fascia alta come il Google Pixel 6 e l'iPhone 13 Pro hanno offerto prestazioni fotografiche incredibili, con modalità notturne migliorate, registrazione video in 8K e funzionalità di editing avanzate direttamente sul dispositivo. L'intelligenza artificiale ha giocato un ruolo chiave nel migliorare la qualità delle immagini e nell'offrire nuove esperienze fotografiche agli utenti.

Intelligenza Artificiale e Assistenti Virtuali

L'intelligenza artificiale (AI) è diventata una componente centrale degli smartphone, migliorando le prestazioni e l'efficienza dei dispositivi. Assistenti virtuali come Siri, Google Assistant e Alexa sono diventati sempre più intelligenti, offrendo risposte più accurate e funzionalità avanzate di automazione. L'AI ha anche migliorato la gestione della batteria, l'ottimizzazione delle prestazioni e la personalizzazione delle esperienze utente, rendendo gli smartphone strumenti ancora più potenti e intuitivi.

Sicurezza e Privacy

La sicurezza e la privacy sono diventate priorità assolute nel design degli smartphone. Le tecnologie di autenticazione biometrica, come il riconoscimento facciale e i sensori di impronte digitali sotto il display, sono diventate standard. Inoltre, le aziende hanno implementato misure di sicurezza avanzate per proteggere i dati degli utenti, come crittografia end-to-end per le comunicazioni e funzionalità di privacy migliorate nei sistemi operativi.

Sostenibilità e Materiali Innovativi

La sostenibilità è diventata un tema centrale nell'industria degli smartphone. Le aziende hanno iniziato a utilizzare materiali riciclati e a ridurre l'impatto ambientale dei loro prodotti. Apple, ad esempio, ha annunciato che tutti i suoi dispositivi saranno realizzati con materiali riciclati e che la sua catena di fornitura sarà a zero emissioni di carbonio entro il 2030. Questa attenzione alla sostenibilità ha portato a innovazioni nel design e nella produzione degli smartphone, contribuendo a un futuro più verde.

Verso il Futuro

Mentre ci avviciniamo alla metà degli anni 2020, l'evoluzione degli smartphone mostra segni di continuo progresso. Le tecnologie emergenti come l'integrazione di AR e VR, l'espansione delle capacità dell'AI e l'adozione di nuovi materiali sostenibili stanno spingendo l'industria verso nuove frontiere. Gli smartphone del futuro promettono di essere ancora più integrati nella nostra vita quotidiana, offrendo esperienze utente sempre più ricche e personalizzate.

Dal 2020 al 2024, gli smartphone hanno continuato a evolversi a un ritmo rapido, integrando tecnologie avanzate che hanno trasformato il modo in cui viviamo e interagiamo con il mondo. L'introduzione del 5G, dei display pieghevoli, delle fotocamere di nuova generazione e delle soluzioni avanzate di intelligenza artificiale ha ridefinito le aspettative degli utenti e ha aperto nuove possibilità per il futuro della tecnologia mobile. Con un'attenzione crescente alla sostenibilità e alla sicurezza, gli smartphone del futuro continueranno a essere strumenti essenziali e innovativi nelle nostre vite.

Di seguito alcuni dei modelli più influenti ed apprezzati dal 2020 al 2024.

121. Samsung Galaxy S20 (2020)

Il Samsung Galaxy S20, lanciato nel febbraio 2020, è uno smartphone di punta che offre un equilibrio perfetto tra design elegante, prestazioni potenti e una serie di funzionalità avanzate. Con un display Dynamic AMOLED 2X da 6.2 pollici con risoluzione Quad HD+ (3200x1440) e una frequenza di aggiornamento di 120 Hz, il Galaxy S20 offre un'esperienza visiva eccezionale con colori vividi e una fluidità superiore.

Il dispositivo è alimentato dal processore Exynos 990 o Qualcomm Snapdragon 865, a seconda della regione, supportato da 8 GB di RAM, che garantisce prestazioni elevate per il multitasking e le applicazioni più esigenti. La memoria interna è di 128 GB, espandibile tramite microSD fino a 1 TB, offrendo ampio spazio per app e contenuti multimediali. Il comparto fotografico del Galaxy S20 include una tripla fotocamera posteriore con un sensore principale da 12 MP, un teleobiettivo da 64 MP e un sensore ultra grandangolare da 12 MP, che permettono di catturare immagini con grande dettaglio e versatilità. La fotocamera anteriore da 10 MP è ideale per selfie e videochiamate. Il dispositivo include anche il supporto per la registrazione video in 8K, il lettore di impronte digitali ultrasonico integrato nel display e la connettività 5G.

Curiosità: Il Samsung Galaxy S20 è stato uno dei primi smartphone a supportare la registrazione video in 8K, stabilendo nuovi standard per la qualità video nei dispositivi mobili. Questo modello ha ricevuto ampi consensi per le sue prestazioni, il design e la qualità fotografica, consolidando la posizione di Samsung come leader nel mercato degli smartphone premium

122. Google Pixel 5 (2020)

 Il Google Pixel 5, lanciato nell'ottobre 2020, è uno smartphone che punta a offrire un'esperienza Android pura con prestazioni solide e una fotocamera di alta qualità. Con un design minimalista e un display OLED da 6 pollici con risoluzione Full HD+ (2340x1080) e una frequenza di aggiornamento di 90 Hz, il Pixel 5 offre una buona qualità visiva e una fluidità superiore.

Il dispositivo è alimentato dal processore Qualcomm Snapdragon 765G, supportato da 8 GB di RAM, che garantisce prestazioni fluide e reattive per tutte le applicazioni e i giochi. La memoria interna è di 128 GB, senza possibilità di espansione tramite microSD. La batteria da 4080 mAh supporta la ricarica rapida, la ricarica wireless e la ricarica inversa. Il comparto fotografico del Pixel 5 include una doppia fotocamera posteriore con un sensore principale da 12.2 MP e un sensore ultra grandangolare da 16 MP, che offre scatti di alta qualità con eccellenti prestazioni in condizioni di scarsa illuminazione. La fotocamera anteriore da 8 MP è ideale per selfie e videochiamate. Il dispositivo include anche il supporto per la connettività 5G e una scocca resistente all'acqua e alla polvere con certificazione IP68.

Curiosità: Il Google Pixel 5 è stato uno dei primi smartphone di Google a supportare la connettività 5G, offrendo velocità di connessione più elevate e una maggiore capacità di rete. Questo modello ha ricevuto elogi per la sua durata della batteria, la qualità fotografica e l'esperienza utente complessiva, rendendolo una scelta popolare tra gli appassionati di Android

123. OnePlus 8 Pro (2020)

Il OnePlus 8 Pro, rilasciato nell'aprile 2020, è uno smartphone di punta che combina design elegante e prestazioni potenti con una serie di funzionalità avanzate. Con un display Fluid AMOLED da 6.78 pollici con risoluzione Quad HD+ (3168x1440) e una frequenza di aggiornamento di 120 Hz, l'8 Pro offre un'esperienza visiva eccezionale con colori vividi e una fluidità superiore.

Il dispositivo è alimentato dal processore Qualcomm Snapdragon 865, supportato da 8 GB o 12 GB di RAM a seconda della variante. La memoria interna varia tra 128 GB e 256 GB, senza possibilità di espansione tramite microSD. La batteria da 4510 mAh supporta la ricarica rapida Warp Charge 30T, la ricarica wireless e la ricarica inversa.

Il comparto fotografico del OnePlus 8 Pro include una quadrupla fotocamera posteriore con un sensore principale da 48 MP, un teleobiettivo da 8 MP, un sensore ultra grandangolare da 48 MP e un sensore di filtro a colori da 5 MP, che permettono di catturare immagini con grande dettaglio e versatilità. La fotocamera anteriore da 16 MP è ideale per selfie e videochiamate.

Curiosità: Il OnePlus 8 Pro è stato il primo smartphone OnePlus a includere la ricarica wireless, una funzionalità molto richiesta dagli utenti. Questo modello ha ricevuto ampi consensi per le sue prestazioni, la qualità del display e la versatilità della fotocamera, consolidando la reputazione di OnePlus come produttore di smartphone di alta qualità

124. Huawei P40 Pro (2020)

Il Huawei P40 Pro, lanciato nel marzo 2020, è uno smartphone di fascia alta che combina un design elegante con prestazioni potenti e un focus particolare sulle capacità fotografiche. Con un display OLED da 6.58 pollici con risoluzione Full HD+ (2640x1200) e una frequenza di aggiornamento di 90 Hz, il P40 Pro offre un'esperienza visiva eccezionale con colori vividi e neri profondi.

Il dispositivo è alimentato dal processore octa-core HiSilicon Kirin 990 5G, supportato da 8 GB di RAM, che garantisce prestazioni elevate per il multitasking e le applicazioni più esigenti. La memoria interna è di 256 GB, espandibile tramite NM Card fino a 256 GB. La batteria da 4200 mAh supporta la ricarica rapida, la ricarica wireless e la ricarica inversa. Il comparto fotografico del P40 Pro include una quadrupla fotocamera posteriore sviluppata in collaborazione con Leica, con un sensore principale da 50 MP, un sensore ultra grandangolare da 40 MP, un teleobiettivo da 12 MP e un sensore di profondità 3D. Questa configurazione permette di catturare immagini con dettagli straordinari e prestazioni eccellenti in condizioni di scarsa illuminazione. La fotocamera anteriore da 32 MP è ideale per selfie di alta qualità.

Curiosità: Il Huawei P40 Pro è stato uno dei primi smartphone a supportare la connettività 5G e a includere un sistema di fotocamere avanzato sviluppato in collaborazione con Leica. Questo modello ha introdotto nuove modalità di fotografia notturna e video ad alta risoluzione, consolidando la reputazione di Huawei come leader nella fotografia mobile

125. LG Wing (2020)

L'LG Wing, rilasciato nel settembre 2020, è uno smartphone unico nel suo genere grazie al suo design innovativo con doppio schermo rotante. Il dispositivo principale dispone di un display P-OLED da 6.8 pollici con risoluzione Full HD+ (2460x1080), mentre il secondo schermo è un display G-OLED da 3.9 pollici con risoluzione 1240x1080.

Il dispositivo è alimentato dal processore octa-core Qualcomm Snapdragon 765G, supportato da 8 GB di RAM, che garantisce prestazioni solide per il multitasking e le applicazioni più esigenti. La memoria interna è di 128 GB o 256 GB, espandibile tramite microSD fino a 2 TB. La batteria da 4000 mAh supporta la ricarica rapida e la ricarica wireless. Il comparto fotografico del LG Wing include una tripla fotocamera posteriore con un sensore principale da 64 MP, un sensore ultra grandangolare da 13 MP e un sensore ultra grandangolare gimbal da 12 MP, che offre stabilizzazione avanzata per video fluidi. La fotocamera anteriore da 32 MP è posizionata su un meccanismo pop-up, che permette di avere un display principale senza interruzioni.

Curiosità: L'LG Wing è stato uno dei primi smartphone a introdurre un design rotante con doppio schermo, offrendo nuove modalità di utilizzo e multitasking. Questo modello ha ricevuto elogi per la sua innovazione e la versatilità del design, rendendolo una scelta interessante per gli utenti alla ricerca di un dispositivo unico nel suo genere

126. Sony Xperia 1 II (2020)

Il Sony Xperia 1 II, lanciato nel maggio 2020, è uno smartphone di fascia alta che combina un design elegante e tecnologie avanzate. Con un display OLED 4K HDR da 6.5 pollici con risoluzione 3840x1644, l'Xperia 1 II offre un'esperienza visiva senza pari con colori vividi e dettagli incredibili.

Il dispositivo è alimentato dal processore octa-core Qualcomm Snapdragon 865, supportato da 8 GB di RAM, che garantisce prestazioni elevate per il multitasking e le applicazioni più esigenti. La memoria interna è di 256 GB, espandibile tramite microSD fino a 1 TB. La batteria da 4000 mAh supporta la ricarica rapida e la ricarica wireless.

Il comparto fotografico dell'Xperia 1 II include una tripla fotocamera posteriore con un sensore principale da 12 MP, un teleobiettivo da 12 MP e un sensore ultra grandangolare da 12 MP, sviluppati in collaborazione con Zeiss, che permettono di catturare immagini con dettagli straordinari e prestazioni eccellenti in condizioni di scarsa illuminazione. La fotocamera anteriore da 8 MP è ideale per selfie e videochiamate.

Curiosità: Il Sony Xperia 1 II è stato uno dei primi smartphone a includere un display 4K HDR, stabilendo nuovi standard per la qualità visiva nei dispositivi mobili. Questo modello ha ricevuto numerosi premi per le sue innovazioni tecnologiche e la qualità costruttiva, consolidando la reputazione di Sony come leader nel settore degli smartphone premium

127. Apple iPhone 12 (2020)

L'iPhone 12, rilasciato nell'ottobre 2020, rappresenta un importante aggiornamento rispetto ai modelli precedenti, con un design rinnovato e supporto per la connettività 5G. Con un display Super Retina XDR OLED da 6.1 pollici con risoluzione 2532x1170, l'iPhone 12 offre una qualità visiva eccezionale con colori vividi e neri profondi.

Il dispositivo è alimentato dal chip A14 Bionic di Apple, un processore a sei core con una GPU integrata e un'unità di elaborazione neurale (NPU), che garantisce prestazioni elevate e una maggiore efficienza energetica. L'iPhone 12 è disponibile con 64 GB, 128 GB o 256 GB di memoria interna, senza possibilità di espansione tramite microSD.

Il comparto fotografico include una doppia fotocamera posteriore da 12 MP con un sensore ultra grandangolare e uno grandangolare, che permettono di catturare immagini con diverse prospettive e una qualità elevata. La fotocamera anteriore TrueDepth da 12 MP supporta il riconoscimento facciale Face ID e le nuove funzionalità di Animoji e Memoji.

Curiosità: L'iPhone 12 è stato uno dei primi modelli di iPhone a supportare la connettività 5G, offrendo velocità di connessione più elevate e una maggiore capacità di rete. Questo modello ha introdotto il nuovo design con bordi piatti, ispirato all'iPhone 4, e il supporto per la ricarica MagSafe, che permette di agganciare facilmente accessori e caricabatterie magnetici

128. Samsung Galaxy S21 (2021)

Il Samsung Galaxy S21, lanciato nel gennaio 2021, è uno smartphone di punta che combina design elegante, prestazioni potenti e una serie di funzionalità avanzate. Con un display Dynamic AMOLED 2X da 6.2 pollici con risoluzione Full HD+ (2400x1080) e una frequenza di aggiornamento di 120 Hz, il Galaxy S21 offre un'esperienza visiva eccezionale con colori vividi e una fluidità superiore.

Il dispositivo è alimentato dal processore Exynos 2100 o Qualcomm Snapdragon 888, a seconda della regione, supportato da 8 GB di RAM, che garantisce prestazioni elevate per il multitasking e le applicazioni più esigenti. La memoria interna varia tra 128 GB e 256 GB, senza possibilità di espansione tramite microSD. Il comparto fotografico del Galaxy S21 include una tripla fotocamera posteriore con un sensore principale da 12 MP, un teleobiettivo da 64 MP e un sensore ultra grandangolare da 12 MP, che permettono di catturare immagini con grande dettaglio e versatilità. La fotocamera anteriore da 10 MP è ideale per selfie e videochiamate. Il dispositivo include anche il supporto per la registrazione video in 8K e il lettore di impronte digitali ultrasonico integrato nel display.

Curiosità: Il Samsung Galaxy S21 è stato uno dei primi smartphone a supportare la registrazione video in 8K, stabilendo nuovi standard per la qualità video nei dispositivi mobili. Questo modello ha ricevuto ampi consensi per le sue prestazioni, il design e la qualità fotografica, consolidando la posizione di Samsung come leader nel mercato degli smartphone premium

129. Google Pixel 6 (2021)

Il Google Pixel 6, lanciato nell'ottobre 2021, rappresenta un importante passo avanti per Google, con un design completamente nuovo e un processore proprietario. Con un display OLED da 6.4 pollici con risoluzione Full HD+ (2400x1080) e una frequenza di aggiornamento di 90 Hz, il Pixel 6 offre una buona qualità visiva e una fluidità superiore.

Il dispositivo è alimentato dal processore Google Tensor, sviluppato internamente da Google, supportato da 8 GB di RAM, che garantisce prestazioni elevate e un'efficienza energetica migliorata. La memoria interna varia tra 128 GB e 256 GB, senza possibilità di espansione tramite microSD. La batteria da 4614 mAh supporta la ricarica rapida, la ricarica wireless e la ricarica inversa. Il comparto fotografico del Pixel 6 include una doppia fotocamera posteriore con un sensore principale da 50 MP e un sensore ultra grandangolare da 12 MP, che offre scatti di alta qualità con eccellenti prestazioni in condizioni di scarsa illuminazione. La fotocamera anteriore da 8 MP è ideale per selfie e videochiamate. Il dispositivo include anche il supporto per la connettività 5G e una scocca resistente all'acqua e alla polvere con certificazione IP68.

Curiosità: Il Google Pixel 6 è stato il primo smartphone a utilizzare il processore Google Tensor, sviluppato per ottimizzare le prestazioni dell'intelligenza artificiale e delle applicazioni di apprendimento automatico. Questo modello ha ricevuto elogi per la sua durata della batteria, la qualità fotografica e l'esperienza utente complessiva, rendendolo una scelta popolare tra gli appassionati di Android

130. OnePlus 9 Pro (2021)

Il OnePlus 9 Pro, rilasciato nel marzo 2021, è uno smartphone di punta che combina design elegante e prestazioni potenti con una serie di funzionalità avanzate. Con un display Fluid AMOLED da 6.7 pollici con risoluzione Quad HD+ (3216x1440) e una frequenza di aggiornamento di 120 Hz, il 9 Pro offre un'esperienza visiva eccezionale con colori vividi e una fluidità superiore.

Il dispositivo è alimentato dal processore Qualcomm Snapdragon 888, supportato da 8 GB o 12 GB di RAM a seconda della variante. La memoria interna varia tra 128 GB e 256 GB, senza possibilità di espansione tramite microSD. La batteria da 4500 mAh supporta la ricarica rapida Warp Charge 65T, la ricarica wireless e la ricarica inversa. Il comparto fotografico del OnePlus 9 Pro include una quadrupla fotocamera posteriore con un sensore principale da 48 MP, un teleobiettivo da 8 MP, un sensore ultra grandangolare da 50 MP e un sensore monocromatico da 2 MP, sviluppati in collaborazione con Hasselblad, che permettono di catturare immagini con grande dettaglio e versatilità. La fotocamera anteriore da 16 MP è ideale per selfie e videochiamate.

Curiosità: Il OnePlus 9 Pro è stato il primo smartphone OnePlus a includere una collaborazione con Hasselblad per il comparto fotografico, migliorando significativamente la qualità delle immagini e introducendo nuove funzionalità di calibrazione del colore. Questo modello ha ricevuto ampi consensi per le sue prestazioni, la qualità del display e la versatilità della fotocamera, consolidando la reputazione di OnePlus come produttore di smartphone di alta qualità

131. Huawei Mate 40 Pro (2021)

Il Huawei Mate 40 Pro, lanciato nell'ottobre 2020, è uno smartphone di fascia alta che combina un design elegante e prestazioni potenti con un focus particolare sulle capacità fotografiche. Con un display OLED da 6.76 pollici con risoluzione Full HD+ (2772x1344) e una frequenza di aggiornamento di 90 Hz, il Mate 40 Pro offre un'esperienza visiva eccezionale con colori vividi e neri profondi.

Il dispositivo è alimentato dal processore octa-core HiSilicon Kirin 9000 5G, supportato da 8 GB di RAM, che garantisce prestazioni elevate per il multitasking e le applicazioni più esigenti. La memoria interna è di 256 GB, espandibile tramite NM Card fino a 256 GB. La batteria da 4400 mAh supporta la ricarica rapida, la ricarica wireless e la ricarica inversa. Il comparto fotografico del Mate 40 Pro include una tripla fotocamera posteriore sviluppata in collaborazione con Leica, con un sensore principale da 50 MP, un sensore ultra grandangolare da 20 MP e un teleobiettivo da 12 MP, che permette di catturare immagini con dettagli straordinari e prestazioni eccellenti in condizioni di scarsa illuminazione. La fotocamera anteriore da 13 MP è ideale per selfie di alta qualità.

Curiosità: Il Huawei Mate 40 Pro è stato uno dei primi smartphone a supportare la connettività 5G e a includere un sistema di fotocamere avanzato sviluppato in collaborazione con Leica. Questo modello ha introdotto nuove modalità di fotografia notturna e video ad alta risoluzione, consolidando la reputazione di Huawei come leader nella fotografia mobile.

132. LG V60 ThinQ (2021)

Il LG V60 ThinQ, lanciato nel marzo 2020, è uno smartphone di fascia alta che offre un design elegante e una serie di funzionalità avanzate, particolarmente apprezzato per le sue capacità audio e video. Con un display P-OLED da 6.8 pollici con risoluzione Full HD+ (2460x1080) e supporto HDR10+, il V60 ThinQ offre un'esperienza visiva di alta qualità con colori vividi e neri profondi.

Il dispositivo è alimentato dal processore octa-core Qualcomm Snapdragon 865, supportato da 8 GB di RAM, che garantisce prestazioni elevate per il multitasking e le applicazioni più esigenti. La memoria interna è di 128 GB, espandibile tramite microSD fino a 2 TB. La batteria da 5000 mAh supporta la ricarica rapida e la ricarica wireless. Il comparto fotografico del V60 ThinQ include una doppia fotocamera posteriore con un sensore principale da 64 MP e un sensore ultra grandangolare da 13 MP, che permette di catturare scatti con diverse prospettive. La fotocamera anteriore da 10 MP è ideale per selfie e videochiamate. Il dispositivo include anche un DAC Quad Hi-Fi integrato, che offre una qualità sonora superiore rispetto alla maggior parte degli smartphone.

Curiosità: Il LG V60 ThinQ è noto per le sue capacità audio, grazie al DAC Quad Hi-Fi integrato e al supporto per la registrazione audio in alta risoluzione. Questo modello ha ricevuto elogi per la sua robustezza, la qualità costruttiva e la durata della batteria, rendendolo una scelta eccellente per gli utenti alla ricerca di un dispositivo multimediale completo.

133. Sony Xperia 5 III (2021)

Il Sony Xperia 5 III, lanciato nel maggio 2021, è uno smartphone di fascia alta che combina un design elegante e compatto con prestazioni potenti e una serie di funzionalità avanzate. Con un display OLED da 6.1 pollici con risoluzione Full HD+ (2520x1080) e una frequenza di aggiornamento di 120 Hz, l'Xperia 5 III offre un'esperienza visiva eccezionale con colori vividi e neri profondi.

Il dispositivo è alimentato dal processore octa-core Qualcomm Snapdragon 888, supportato da 8 GB di RAM, che garantisce prestazioni elevate per il multitasking e le applicazioni più esigenti. La memoria interna è di 128 GB o 256 GB, espandibile tramite microSD fino a 1 TB. La batteria da 4500 mAh supporta la ricarica rapida e la ricarica wireless. Il comparto fotografico dell'Xperia 5 III include una tripla fotocamera posteriore con sensori da 12 MP sviluppati in collaborazione con Zeiss, che permettono di catturare immagini con grande dettaglio e prestazioni eccellenti in condizioni di scarsa illuminazione. La fotocamera anteriore da 8 MP è ideale per selfie e videochiamate.

Curiosità: Il Sony Xperia 5 III è stato uno dei primi smartphone a includere un sistema di autofocus Dual Pixel, che migliora significativamente la velocità e la precisione della messa a fuoco. Questo modello ha ricevuto elogi per la sua qualità costruttiva, le prestazioni della fotocamera e l'esperienza utente complessiva, consolidando la reputazione di Sony come leader nel settore degli smartphone premium.

134. Apple iPhone 13 (2021)

L'iPhone 13, lanciato nel settembre 2021, rappresenta un aggiornamento significativo rispetto ai modelli precedenti, con miglioramenti nelle prestazioni, nella durata della batteria e nelle capacità fotografiche. Con un display Super Retina XDR OLED da 6.1 pollici con risoluzione 2532x1170, l'iPhone 13 offre una qualità visiva eccezionale con colori vividi e neri profondi.

Il dispositivo è alimentato dal chip A15 Bionic di Apple, un processore a sei core con una GPU integrata e un'unità di elaborazione neurale (NPU), che garantisce prestazioni elevate e una maggiore efficienza energetica. L'iPhone 13 è disponibile con 128 GB, 256 GB o 512 GB di memoria interna, senza possibilità di espansione tramite microSD. Il comparto fotografico include una doppia fotocamera posteriore da 12 MP con un sensore ultra grandangolare e uno grandangolare, che permettono di catturare immagini con diverse prospettive e una qualità elevata. La fotocamera anteriore TrueDepth da 12 MP supporta il riconoscimento facciale Face ID e le nuove funzionalità di Animoji e Memoji.

Curiosità: L'iPhone 13 ha introdotto una nuova modalità Cinematic, che permette di registrare video con profondità di campo variabile, simile a quella ottenuta con le videocamere professionali. Questo modello è stato molto apprezzato per la sua durata della batteria, le prestazioni e la qualità delle fotocamere, consolidando la posizione di Apple come leader nel mercato degli smartphone.

135. Samsung Galaxy S22 (2022)

Il Samsung Galaxy S22, lanciato nel febbraio 2022, è uno smartphone di punta che combina design elegante, prestazioni potenti e una serie di funzionalità avanzate. Con un display Dynamic AMOLED 2X da 6.1 pollici con risoluzione Full HD+ (2340x1080) e una frequenza di aggiornamento di 120 Hz, il Galaxy S22 offre un'esperienza visiva eccezionale con colori vividi e una fluidità superiore.

Il dispositivo è alimentato dal processore Exynos 2200 o Qualcomm Snapdragon 8 Gen 1, a seconda della regione, supportato da 8 GB di RAM, che garantisce prestazioni elevate per il multitasking e le applicazioni più esigenti. La memoria interna varia tra 128 GB e 256 GB, senza possibilità di espansione tramite microSD. Il comparto fotografico del Galaxy S22 include una tripla fotocamera posteriore con un sensore principale da 50 MP, un teleobiettivo da 10 MP e un sensore ultra grandangolare da 12 MP, che permettono di catturare immagini con grande dettaglio e versatilità. La fotocamera anteriore da 10 MP è ideale per selfie e videochiamate. Il dispositivo include anche il supporto per la registrazione video in 8K e il lettore di impronte digitali ultrasonico integrato nel display.

Curiosità: Il Samsung Galaxy S22 è stato uno dei primi smartphone a supportare la registrazione video in 8K, stabilendo nuovi standard per la qualità video nei dispositivi mobili. Questo modello ha ricevuto ampi consensi per le sue prestazioni, il design e la qualità fotografica, consolidando la posizione di Samsung come leader nel mercato degli smartphone premium.

136. Google Pixel 7 (2022)

 Il Google Pixel 7, lanciato nell'ottobre 2022, continua la tradizione di Google di offrire un'esperienza Android pura con prestazioni eccellenti e una fotocamera di alta qualità. Con un design minimalista e un display OLED da 6.3 pollici con risoluzione Full HD+ (2400x1080) e una frequenza di aggiornamento di 90 Hz, il Pixel 7 offre una buona qualità visiva e una fluidità superiore.

Il dispositivo è alimentato dal processore Google Tensor G2, sviluppato internamente da Google, supportato da 8 GB di RAM, che garantisce prestazioni elevate e un'efficienza energetica migliorata. La memoria interna varia tra 128 GB e 256 GB, senza possibilità di espansione tramite microSD. La batteria da 4355 mAh supporta la ricarica rapida, la ricarica wireless e la ricarica inversa. Il comparto fotografico del Pixel 7 include una doppia fotocamera posteriore con un sensore principale da 50 MP e un sensore ultra grandangolare da 12 MP, che offre scatti di alta qualità con eccellenti prestazioni in condizioni di scarsa illuminazione. La fotocamera anteriore da 10.8 MP è ideale per selfie e videochiamate. Il dispositivo include anche il supporto per la connettività 5G e una scocca resistente all'acqua e alla polvere con certificazione IP68.

Curiosità: Il Google Pixel 7 è stato il primo smartphone a utilizzare il processore Google Tensor G2, sviluppato per ottimizzare le prestazioni dell'intelligenza artificiale e delle applicazioni di apprendimento automatico. Questo modello ha ricevuto elogi per la sua durata della batteria, la qualità fotografica e l'esperienza utente complessiva, rendendolo una scelta popolare tra gli appassionati di Android.

137. OnePlus 10 Pro (2022)

Il OnePlus 10 Pro, rilasciato nel marzo 2022, è uno smartphone di punta che combina design elegante e prestazioni potenti con una serie di funzionalità avanzate. Con un display Fluid AMOLED da 6.7 pollici con risoluzione Quad HD+ (3216x1440) e una frequenza di aggiornamento di 120 Hz, il 10 Pro offre un'esperienza visiva eccezionale con colori vividi e una fluidità superiore.

Il dispositivo è alimentato dal processore Qualcomm Snapdragon 8 Gen 1, supportato da 8 GB o 12 GB di RAM a seconda della variante. La memoria interna varia tra 128 GB e 256 GB, senza possibilità di espansione tramite microSD. La batteria da 5000 mAh supporta la ricarica rapida Warp Charge 65T, la ricarica wireless e la ricarica inversa. Il comparto fotografico del OnePlus 10 Pro include una tripla fotocamera posteriore con un sensore principale da 48 MP, un teleobiettivo da 8 MP e un sensore ultra grandangolare da 50 MP, sviluppati in collaborazione con Hasselblad, che permettono di catturare immagini con grande dettaglio e versatilità. La fotocamera anteriore da 32 MP è ideale per selfie e videochiamate.

Curiosità: Il OnePlus 10 Pro è stato il primo smartphone OnePlus a includere una collaborazione con Hasselblad per il comparto fotografico, migliorando significativamente la qualità delle immagini e introducendo nuove funzionalità di calibrazione del colore. Questo modello ha ricevuto ampi consensi per le sue prestazioni, la qualità del display e la versatilità della fotocamera, consolidando la reputazione di OnePlus come produttore di smartphone di alta qualità.

138. Huawei P50 Pro (2022)

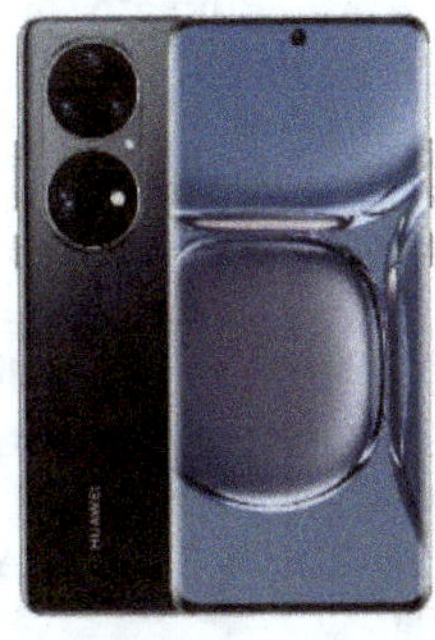

Il Huawei P50 Pro, lanciato nel luglio 2021, è uno smartphone di fascia alta che combina un design elegante e prestazioni potenti con un focus particolare sulle capacità fotografiche. Con un display OLED da 6.6 pollici con risoluzione Full HD+ (2700x1228) e una frequenza di aggiornamento di 120 Hz, il P50 Pro offre un'esperienza visiva eccezionale con colori vividi e neri profondi.

Il dispositivo è alimentato dal processore Qualcomm Snapdragon 888 4G, supportato da 8 GB di RAM, che garantisce prestazioni elevate per il multitasking e le applicazioni più esigenti. La memoria interna è di 256 GB, espandibile tramite NM Card fino a 256 GB. La batteria da 4360 mAh supporta la ricarica rapida, la ricarica wireless e la ricarica inversa. Il comparto fotografico del P50 Pro include una quadrupla fotocamera posteriore sviluppata in collaborazione con Leica, con un sensore principale da 50 MP, un sensore monocromatico da 40 MP, un teleobiettivo da 64 MP e un sensore ultra grandangolare da 13 MP. Questa configurazione permette di catturare immagini con dettagli straordinari e prestazioni eccellenti in condizioni di scarsa illuminazione. La fotocamera anteriore da 13 MP è ideale per selfie di alta qualità.

Curiosità: Il Huawei P50 Pro è stato uno dei primi smartphone a includere un sistema di fotocamere avanzato sviluppato in collaborazione con Leica. Questo modello ha introdotto nuove modalità di fotografia notturna e video ad alta risoluzione, consolidando la reputazione di Huawei come leader nella fotografia mobile.

139. Sony Xperia 1 IV (2022)

Il Sony Xperia 1 IV, lanciato nel maggio 2022, è uno smartphone di fascia alta che combina un design elegante e tecnologie avanzate. Con un display OLED 4K HDR da 6.5 pollici con risoluzione 3840x1644 e una frequenza di aggiornamento di 120 Hz, l'Xperia 1 IV offre un'esperienza visiva senza pari con colori vividi e dettagli incredibili.

Il dispositivo è alimentato dal processore octa-core Qualcomm Snapdragon 8 Gen 1, supportato da 12 GB di RAM, che garantisce prestazioni elevate per il multitasking e le applicazioni più esigenti. La memoria interna è di 256 GB, espandibile tramite microSD fino a 1 TB. La batteria da 5000 mAh supporta la ricarica rapida e la ricarica wireless. Il comparto fotografico dell'Xperia 1 IV include una tripla fotocamera posteriore con sensori da 12 MP sviluppati in collaborazione con Zeiss, che permettono di catturare immagini con grande dettaglio e prestazioni eccellenti in condizioni di scarsa illuminazione. La fotocamera anteriore da 12 MP è ideale per selfie di alta qualità e videochiamate.

Curiosità: Il Sony Xperia 1 IV è stato uno dei primi smartphone a includere un display 4K HDR con una frequenza di aggiornamento di 120 Hz, stabilendo nuovi standard per la qualità visiva nei dispositivi mobili. Questo modello ha ricevuto numerosi premi per le sue innovazioni tecnologiche e la qualità costruttiva, consolidando la reputazione di Sony come leader nel settore degli smartphone premium.

140. Apple iPhone 14 (2022)

L'iPhone 14, rilasciato nel settembre 2022, rappresenta un importante aggiornamento rispetto ai modelli precedenti, con miglioramenti nelle prestazioni, nella durata della batteria e nelle capacità fotografiche. Con un display Super Retina XDR OLED da 6.1 pollici con risoluzione 2532x1170, l'iPhone 14 offre una qualità visiva eccezionale con colori vividi e neri profondi.

Il dispositivo è alimentato dal chip A16 Bionic di Apple, un processore a sei core con una GPU integrata e un'unità di elaborazione neurale (NPU), che garantisce prestazioni elevate e una maggiore efficienza energetica. L'iPhone 14 è disponibile con 128 GB, 256 GB o 512 GB di memoria interna, senza possibilità di espansione tramite microSD.

Il comparto fotografico include una doppia fotocamera posteriore da 12 MP con un sensore ultra grandangolare e uno grandangolare, che permettono di catturare immagini con diverse prospettive e una qualità elevata. La fotocamera anteriore TrueDepth da 12 MP supporta il riconoscimento facciale Face ID e le nuove funzionalità di Animoji e Memoji.

Curiosità: L'iPhone 14 ha introdotto una nuova modalità Cinematic, che permette di registrare video con profondità di campo variabile, simile a quella ottenuta con le videocamere professionali. Questo modello è stato molto apprezzato per la sua durata della batteria, le prestazioni e la qualità delle fotocamere, consolidando la posizione di Apple come leader nel mercato degli smartphone.

141. Samsung Galaxy S23 (2023)

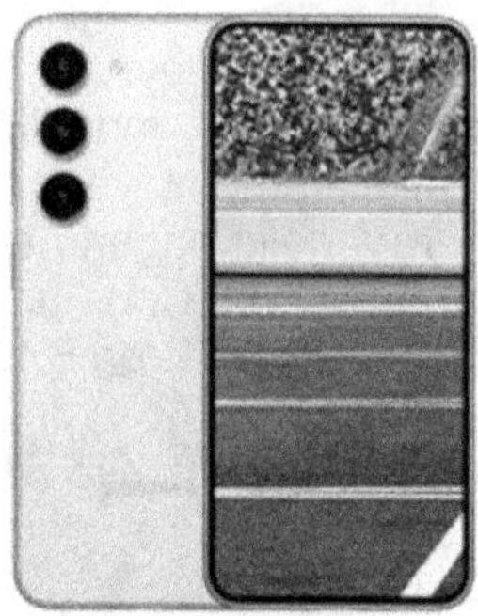

Il Samsung Galaxy S23, lanciato nel febbraio 2023, è uno smartphone di punta che combina design elegante, prestazioni potenti e una serie di funzionalità avanzate. Con un display Dynamic AMOLED 2X da 6.1 pollici con risoluzione Full HD+ (2340x1080) e una frequenza di aggiornamento di 120 Hz, il Galaxy S23 offre un'esperienza visiva eccezionale con colori vividi e una fluidità superiore.

Il dispositivo è alimentato dal processore Exynos 2200 o Qualcomm Snapdragon 8 Gen 1, a seconda della regione, supportato da 8 GB di RAM, che garantisce prestazioni elevate per il multitasking e le applicazioni più esigenti. La memoria interna varia tra 128 GB e 256 GB, senza possibilità di espansione tramite microSD. Il comparto fotografico del Galaxy S23 include una tripla fotocamera posteriore con un sensore principale da 50 MP, un teleobiettivo da 10 MP e un sensore ultra grandangolare da 12 MP, che permettono di catturare immagini con grande dettaglio e versatilità. La fotocamera anteriore da 10 MP è ideale per selfie e videochiamate. Il dispositivo include anche il supporto per la registrazione video in 8K e il lettore di impronte digitali ultrasonico integrato nel display.

Curiosità: Il Samsung Galaxy S23 è stato uno dei primi smartphone a supportare la registrazione video in 8K, stabilendo nuovi standard per la qualità video nei dispositivi mobili. Questo modello ha ricevuto ampi consensi per le sue prestazioni, il design e la qualità fotografica, consolidando la posizione di Samsung come leader nel mercato degli smartphone premium.

142. Google Pixel 8 (2023)

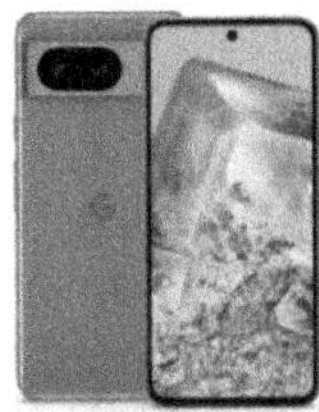 Il Google Pixel 8, lanciato nell'ottobre 2023, continua la tradizione di Google di offrire un'esperienza Android pura con prestazioni eccellenti e una fotocamera di alta qualità. Con un design minimalista e un display OLED da 6.3 pollici con risoluzione Full HD+ (2400x1080) e una frequenza di aggiornamento di 90 Hz, il Pixel 8 offre una buona qualità visiva e una fluidità superiore.

Il dispositivo è alimentato dal processore Google Tensor G3, sviluppato internamente da Google, supportato da 8 GB di RAM, che garantisce prestazioni elevate e un'efficienza energetica migliorata. La memoria interna varia tra 128 GB e 256 GB, senza possibilità di espansione tramite microSD. La batteria da 4355 mAh supporta la ricarica rapida, la ricarica wireless e la ricarica inversa. Il comparto fotografico del Pixel 8 include una doppia fotocamera posteriore con un sensore principale da 50 MP e un sensore ultra grandangolare da 12 MP, che offre scatti di alta qualità con eccellenti prestazioni in condizioni di scarsa illuminazione. La fotocamera anteriore da 10.8 MP è ideale per selfie e videochiamate. Il dispositivo include anche il supporto per la connettività 5G e una scocca resistente all'acqua e alla polvere con certificazione IP68.

Curiosità: Il Google Pixel 8 è stato il primo smartphone a utilizzare il processore Google Tensor G3, sviluppato per ottimizzare le prestazioni dell'intelligenza artificiale e delle applicazioni di apprendimento automatico. Questo modello ha ricevuto elogi per la sua durata della batteria, la qualità fotografica e l'esperienza utente complessiva, rendendolo una scelta popolare tra gli appassionati di Android.

143. OnePlus 11 (2023)

Il OnePlus 11, rilasciato nel marzo 2023, è uno smartphone di punta che combina design elegante e prestazioni potenti con una serie di funzionalità avanzate. Con un display Fluid AMOLED da 6.7 pollici con risoluzione Quad HD+ (3216x1440) e una frequenza di aggiornamento di 120 Hz, il 11 offre un'esperienza visiva eccezionale con colori vividi e una fluidità superiore.

Il dispositivo è alimentato dal processore Qualcomm Snapdragon 8 Gen 2, supportato da 8 GB o 12 GB di RAM a seconda della variante. La memoria interna varia tra 128 GB e 256 GB, senza possibilità di espansione tramite microSD. La batteria da 5000 mAh supporta la ricarica rapida Warp Charge 65T, la ricarica wireless e la ricarica inversa. Il comparto fotografico del OnePlus 11 include una tripla fotocamera posteriore con un sensore principale da 50 MP, un teleobiettivo da 8 MP e un sensore ultra grandangolare da 50 MP, sviluppati in collaborazione con Hasselblad, che permettono di catturare immagini con grande dettaglio e versatilità. La fotocamera anteriore da 32 MP è ideale per selfie e videochiamate.

Curiosità: Il OnePlus 11 è stato il primo smartphone OnePlus a includere una collaborazione con Hasselblad per il comparto fotografico, migliorando significativamente la qualità delle immagini e introducendo nuove funzionalità di calibrazione del colore. Questo modello ha ricevuto ampi consensi per le sue prestazioni, la qualità del display e la versatilità della fotocamera, consolidando la reputazione di OnePlus come produttore di smartphone di alta qualità.

144. Huawei Mate 50 Pro (2023)

Il Huawei Mate 50 Pro, lanciato nel settembre 2022, è uno smartphone di fascia alta che combina un design elegante e prestazioni potenti con un focus particolare sulle capacità fotografiche. Con un display OLED da 6.74 pollici con risoluzione Full HD+ (2616x1212) e una frequenza di aggiornamento di 120 Hz, il Mate 50 Pro offre un'esperienza visiva eccezionale con colori vividi e neri profondi.

Il dispositivo è alimentato dal processore Qualcomm Snapdragon 8+ Gen 1, supportato da 8 GB di RAM, che garantisce prestazioni elevate per il multitasking e le applicazioni più esigenti. La memoria interna è di 256 GB, espandibile tramite NM Card fino a 256 GB. La batteria da 4700 mAh supporta la ricarica rapida, la ricarica wireless e la ricarica inversa. Il comparto fotografico del Mate 50 Pro include una quadrupla fotocamera posteriore sviluppata in collaborazione con Leica, con un sensore principale da 50 MP, un sensore ultra grandangolare da 13 MP, un teleobiettivo da 64 MP e un sensore di profondità 3D. Questa configurazione permette di catturare immagini con dettagli straordinari e prestazioni eccellenti in condizioni di scarsa illuminazione. La fotocamera anteriore da 13 MP è ideale per selfie di alta qualità.

Curiosità: Il Huawei Mate 50 Pro è stato uno dei primi smartphone a includere un sistema di fotocamere avanzato sviluppato in collaborazione con Leica. Questo modello ha introdotto nuove modalità di fotografia notturna e video ad alta risoluzione, consolidando la reputazione di Huawei come leader nella fotografia mobile.

145. Sony Xperia 1 V (2023)

Il Sony Xperia 1 V, lanciato nel maggio 2023, è uno smartphone di fascia alta che combina un design elegante e tecnologie avanzate. Con un display OLED 4K HDR da 6.5 pollici con risoluzione 3840x1644 e una frequenza di aggiornamento di 120 Hz, l'Xperia 1 V offre un'esperienza visiva senza pari con colori vividi e dettagli incredibili.

Il dispositivo è alimentato dal processore octa-core Qualcomm Snapdragon 8 Gen 2, supportato da 12 GB di RAM, che garantisce prestazioni elevate per il multitasking e le applicazioni più esigenti. La memoria interna è di 256 GB, espandibile tramite microSD fino a 1 TB. La batteria da 5000 mAh supporta la ricarica rapida e la ricarica wireless.

Il comparto fotografico dell'Xperia 1 V include una tripla fotocamera posteriore con sensori da 12 MP sviluppati in collaborazione con Zeiss, che permettono di catturare immagini con grande dettaglio e prestazioni eccellenti in condizioni di scarsa illuminazione. La fotocamera anteriore da 12 MP è ideale per selfie di alta qualità e videochiamate.

Curiosità: Il Sony Xperia 1 V è stato uno dei primi smartphone a includere un display 4K HDR con una frequenza di aggiornamento di 120 Hz, stabilendo nuovi standard per la qualità visiva nei dispositivi mobili. Questo modello ha ricevuto numerosi premi per le sue innovazioni tecnologiche e la qualità costruttiva, consolidando la reputazione di Sony come leader nel settore degli smartphone premium.

146. Apple iPhone 15 (2023)

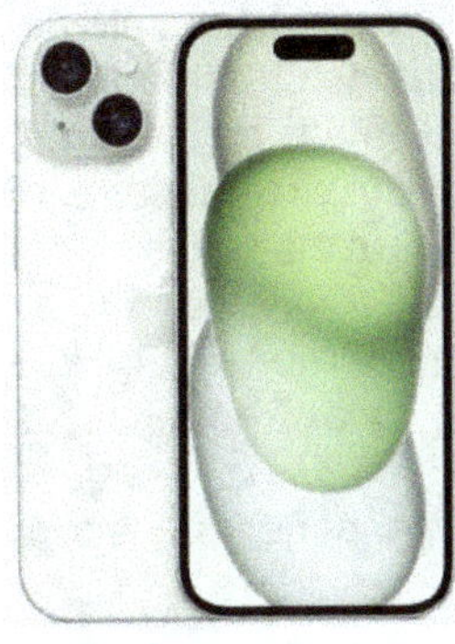

L'iPhone 15, rilasciato nel settembre 2023, rappresenta un importante aggiornamento rispetto ai modelli precedenti, con miglioramenti nelle prestazioni, nella durata della batteria e nelle capacità fotografiche. Con un display Super Retina XDR OLED da 6.1 pollici con risoluzione 2532x1170, l'iPhone 15 offre una qualità visiva eccezionale con colori vividi e neri profondi.

Il dispositivo è alimentato dal chip A16 Bionic di Apple, un processore a sei core con una GPU integrata e un'unità di elaborazione neurale (NPU), che garantisce prestazioni elevate e una maggiore efficienza energetica. L'iPhone 15 è disponibile con 128 GB, 256 GB o 512 GB di memoria interna, senza possibilità di espansione tramite microSD. Il comparto fotografico include una doppia fotocamera posteriore da 12 MP con un sensore ultra grandangolare e uno grandangolare, che permettono di catturare immagini con diverse prospettive e una qualità elevata. La fotocamera anteriore TrueDepth da 12 MP supporta il riconoscimento facciale Face ID e le nuove funzionalità di Animoji e Memoji.

Curiosità: L'iPhone 15 ha introdotto una nuova modalità Cinematic, che permette di registrare video con profondità di campo variabile, simile a quella ottenuta con le videocamere professionali. Questo modello è stato molto apprezzato per la sua durata della batteria, le prestazioni e la qualità delle fotocamere, consolidando la posizione di Apple come leader nel mercato degli smartphone.

147. Samsung Galaxy S24 (2024)

Il Samsung Galaxy S24, lanciato nel febbraio 2024, è uno smartphone di punta che combina design elegante, prestazioni potenti e una serie di funzionalità avanzate. Con un display Dynamic AMOLED 2X da 6.1 pollici con risoluzione Full HD+ (2400x1080) e una frequenza di aggiornamento di 120 Hz, il Galaxy S24 offre un'esperienza visiva eccezionale con colori vividi e una fluidità superiore.

Il dispositivo è alimentato dal processore Exynos 2400 o Qualcomm Snapdragon 8 Gen 3, a seconda della regione, supportato da 8 GB di RAM, che garantisce prestazioni elevate per il multitasking e le applicazioni più esigenti. La memoria interna varia tra 128 GB e 256 GB, senza possibilità di espansione tramite microSD. Il comparto fotografico del Galaxy S24 include una tripla fotocamera posteriore con un sensore principale da 50 MP, un teleobiettivo da 12 MP e un sensore ultra grandangolare da 12 MP, che permettono di catturare immagini con grande dettaglio e versatilità. La fotocamera anteriore da 12 MP è ideale per selfie e videochiamate. Il dispositivo include anche il supporto per la registrazione video in 8K e il lettore di impronte digitali ultrasonico integrato nel display.

Curiosità: Il Samsung Galaxy S24 è stato uno dei primi smartphone a supportare la registrazione video in 8K, stabilendo nuovi standard per la qualità video nei dispositivi mobili. Questo modello ha ricevuto ampi consensi per le sue prestazioni, il design e la qualità fotografica, consolidando la posizione di Samsung come leader nel mercato degli smartphone premium.

148. OnePlus 12 (2024)

Il OnePlus 12, rilasciato nel marzo 2024, è uno smartphone di punta che combina design elegante e prestazioni potenti con una serie di funzionalità avanzate. Con un display Fluid AMOLED da 6.7 pollici con risoluzione Quad HD+ (3216x1440) e una frequenza di aggiornamento di 120 Hz, il 12 offre un'esperienza visiva eccezionale con colori vividi e una fluidità superiore.

Il dispositivo è alimentato dal processore Qualcomm Snapdragon 8 Gen 3, supportato da 8 GB o 12 GB di RAM a seconda della variante. La memoria interna varia tra 128 GB e 256 GB, senza possibilità di espansione tramite microSD. La batteria da 5000 mAh supporta la ricarica rapida Warp Charge 65T, la ricarica wireless e la ricarica inversa. Il comparto fotografico del OnePlus 12 include una tripla fotocamera posteriore con un sensore principale da 50 MP, un teleobiettivo da 8 MP e un sensore ultra grandangolare da 50 MP, sviluppati in collaborazione con Hasselblad, che permettono di catturare immagini con grande dettaglio e versatilità. La fotocamera anteriore da 32 MP è ideale per selfie e videochiamate.

Curiosità: Il OnePlus 12 è stato il primo smartphone OnePlus a includere una collaborazione con Hasselblad per il comparto fotografico, migliorando significativamente la qualità delle immagini e introducendo nuove funzionalità di calibrazione del colore. Questo modello ha ricevuto ampi consensi per le sue prestazioni, la qualità del display e la versatilità della fotocamera, consolidando la reputazione di OnePlus come produttore di smartphone di alta qualità.

149. Motorola Edge 50 Ultra (2024)

Il Motorola Edge 50 Ultra, lanciato nel gennaio 2024, è uno smartphone di fascia alta che combina un design elegante e prestazioni potenti. Con un display OLED da 6.8 pollici con risoluzione Full HD+ (2400x1080) e una frequenza di aggiornamento di 144 Hz, l'Edge 50 Ultra offre un'esperienza visiva fluida e reattiva, ideale per il gaming e il multimedia.

Il dispositivo è alimentato dal processore Qualcomm Snapdragon 8 Gen 3, supportato da 12 GB di RAM, che garantisce prestazioni elevate per il multitasking e le applicazioni più esigenti. La memoria interna è di 256 GB, espandibile tramite microSD fino a 1 TB. La batteria da 5000 mAh supporta la ricarica rapida e la ricarica wireless. Il comparto fotografico dell'Edge 50 Ultra include una tripla fotocamera posteriore con un sensore principale da 108 MP, un teleobiettivo da 16 MP e un sensore ultra grandangolare da 20 MP, che permettono di catturare immagini con dettagli straordinari e prestazioni eccellenti in condizioni di scarsa illuminazione. La fotocamera anteriore da 32 MP è ideale per selfie di alta qualità.

Curiosità: Il Motorola Edge 50 Ultra è stato uno dei primi smartphone a supportare una frequenza di aggiornamento di 144 Hz, offrendo un'esperienza visiva eccezionalmente fluida. Questo modello ha ricevuto elogi per la sua robustezza, le prestazioni e la qualità fotografica, rendendolo una scelta eccellente per gli utenti alla ricerca di un dispositivo potente e versatile.

150. Honor Magic6 Pro (2024)

L'Honor Magic6 Pro, lanciato nel febbraio 2024, è uno smartphone di fascia alta che combina un design elegante e prestazioni potenti con un focus particolare sulle capacità fotografiche. Con un display OLED da 6.73 pollici con risoluzione Full HD+ (3200x1440) e una frequenza di aggiornamento di 120 Hz, il Magic6 Pro offre un'esperienza visiva eccezionale con colori vividi e neri profondi.

Il dispositivo è alimentato dal processore Qualcomm Snapdragon 8 Gen 3, supportato da 12 GB di RAM, che garantisce prestazioni elevate per il multitasking e le applicazioni più esigenti. La memoria interna è di 256 GB, espandibile tramite NM Card fino a 256 GB. La batteria da 4800 mAh supporta la ricarica rapida, la ricarica wireless e la ricarica inversa. Il comparto fotografico del Magic6 Pro include una quadrupla fotocamera posteriore con un sensore principale da 50 MP, un sensore ultra grandangolare da 20 MP, un teleobiettivo da 12 MP e un sensore di profondità 3D. Questa configurazione permette di catturare immagini con dettagli straordinari e prestazioni eccellenti in condizioni di scarsa illuminazione. La fotocamera anteriore da 32 MP è ideale per selfie di alta qualità.

Curiosità: L'Honor Magic6 Pro è stato uno dei primi smartphone a includere un sistema di fotocamere avanzato con un sensore di profondità 3D, che migliora significativamente la qualità dei ritratti e delle foto notturne. Questo modello ha ricevuto elogi per la sua qualità costruttiva, le prestazioni e l'innovazione tecnologica, consolidando la reputazione di Honor come leader nel settore degli smartphone.

SEZIONE BONUS

Molti modelli di smartphone, di cui molti non commerciati in Europa o America, hanno avuto un forte impatto negli anni espandendo ulteriormente la scelta del consumatore e facendo conoscere realtà alternative agli appassionati.

Di seguito una selezione bonus di ulteriori 15 smartphone che hanno avuto un impatto importante nel settore, nonostante alcuni modelli non fossero acquistabili in Occidente.

BONUS 1. Find 5 (2013)

L'OPPO Find 5 è stato un dispositivo innovativo nel 2013, dotato di un display IPS LCD Full HD da 5 pollici con una risoluzione di 1920x1080 pixel e una densità di pixel di 441 PPI, una delle più alte disponibili all'epoca. Alimentato da un processore quad-core Qualcomm Snapdragon S4 Pro da 1.5 GHz, era supportato da 2GB di RAM e 16GB o 32GB di memoria interna non espandibile. La fotocamera posteriore era una 13 MP con apertura f/2.2 e doppio flash LED, mentre la fotocamera frontale era da 1.9 MP. La batteria era una 2500 mAh non removibile.

L'OPPO Find 5 è stato lanciato a febbraio 2013, segnando l'ingresso di OPPO nel mercato internazionale degli smartphone di fascia alta. È stato uno dei primi smartphone a offrire un display a 1080p, posizionandosi come concorrente diretto dei dispositivi di marchi più affermati come Samsung e HTC. Il lancio del Find 5 ha aiutato OPPO a stabilire una reputazione per la produzione di dispositivi di alta qualità con un design innovativo.

Il design del Find 5 era ispirato ai dispositivi di Nokia e Sony Xperia, con una scocca in policarbonato bianco che ricordava il Nokia Lumia 920. È stato anche uno dei primi telefoni a essere venduto con una versione personalizzata di Android chiamata ColorOS, e successivamente è stato reso disponibile con CyanogenMod, un firmware personalizzato popolare tra gli utenti avanzati

BONUS 2. OPPO Find 7 (2014)

L'OPPO Find 7 è stato lanciato con un display QHD da 5.5 pollici, una risoluzione di 2560x1440 pixel e una densità di pixel di 538 PPI, rendendolo uno dei primi smartphone con un display a risoluzione così alta. Era alimentato da un processore quad-core Qualcomm Snapdragon 801 da 2.5 GHz, con 3GB di RAM e 32GB di memoria interna espandibile tramite microSD. La fotocamera posteriore era da 13 MP con apertura f/2.0, e la fotocamera anteriore era da 5 MP. La batteria era da 3000 mAh con supporto per la ricarica rapida VOOC.

Rilasciato nel 2014, l'OPPO Find 7 ha rappresentato un notevole passo avanti per OPPO in termini di tecnologia display e prestazioni generali. Con il suo display QHD, era all'avanguardia nella risoluzione dello schermo, superando molti concorrenti. La tecnologia VOOC di ricarica rapida introdotta con il Find 7 ha stabilito nuovi standard nel settore, consentendo agli utenti di ricaricare rapidamente il proprio dispositivo.

Il Find 7 è stato uno dei primi smartphone a offrire una funzione di ricarica rapida così avanzata, permettendo di caricare il 75% della batteria in soli 30 minuti. Inoltre, era dotato di una fotocamera capace di registrare video in 4K, una caratteristica rara per gli smartphone dell'epoca

BONUS 3. OPPO Find X (2018)

L'OPPO Find X è stato dotato di un display AMOLED da 6.42 pollici con risoluzione Full HD+ e un rapporto schermo-corpo del 93.8%, grazie all'innovativo meccanismo a scorrimento per le fotocamere. Il processore era uno Snapdragon 845, supportato da 8GB di RAM e 256GB di memoria interna. La fotocamera posteriore era composta da due sensori: uno da 16 MP e uno da 20 MP, mentre la fotocamera frontale era da 25 MP.

Presentato nel giugno 2018, l'OPPO Find X ha portato un design rivoluzionario nel mercato degli smartphone. Il meccanismo a scorrimento per le fotocamere ha permesso di eliminare la necessità di notch o fori nello schermo, offrendo un'esperienza visiva immersiva. È stato uno dei primi dispositivi a utilizzare questa tecnologia, dimostrando l'impegno di OPPO nell'innovazione.

Il Find X è stato uno dei primi smartphone a introdurre la tecnologia di riconoscimento facciale 3D, simile a quella utilizzata da Apple nel suo iPhone X. Questa funzione ha reso il dispositivo altamente sicuro e all'avanguardia per il riconoscimento biometrico

BONUS 4. OPPO Find X2 Pro (2020)

L'OPPO Find X2 Pro è dotato di un display AMOLED da 6.7 pollici con risoluzione QHD+ e refresh rate di 120Hz. Alimentato da un processore Snapdragon 865, ha 12GB di RAM e 512GB di memoria interna. La fotocamera posteriore è tripla, con un sensore principale da 48 MP, un teleobiettivo periscopico da 13 MP e un ultra grandangolare da 48 MP. La batteria è da 4260 mAh con supporto per la ricarica rapida SuperVOOC 2.0 a 65W.

Lanciato nel marzo 2020, il Find X2 Pro ha rappresentato un ulteriore passo avanti per OPPO nel segmento degli smartphone premium. Con il suo display ad alta risoluzione e il refresh rate elevato, ha offerto un'esperienza visiva di livello superiore. Le capacità fotografiche avanzate e la ricarica ultra-rapida hanno contribuito a stabilire nuovi standard nel mercato.

Il Find X2 Pro è stato uno dei primi smartphone a ottenere un punteggio DXOMARK molto alto, posizionandosi tra i migliori dispositivi per la fotografia mobile. Inoltre, la variante con finitura in pelle vegana ha offerto un tocco di lusso e sostenibilità al design dello smartphone

BONUS 5. OPPO Find N2 Flip (2022)

L'OPPO Find N2 Flip è dotato di un display pieghevole AMOLED da 6.8 pollici con risoluzione Full HD+ e un display esterno da 3.26 pollici. Alimentato dal processore MediaTek Dimensity 9000+, ha 8GB di RAM e 256GB di memoria interna. La fotocamera principale è da 50 MP, accompagnata da una fotocamera ultra grandangolare da 8 MP. La batteria è da 4300 mAh con supporto per la ricarica rapida SuperVOOC.

Presentato nel dicembre 2022, il Find N2 Flip è stato il primo tentativo di OPPO nel mercato degli smartphone pieghevoli. Con un design compatto e innovativo, ha attirato l'attenzione per la sua praticità e l'elevata qualità costruttiva. La combinazione di display pieghevole e funzionalità avanzate ha reso questo dispositivo un'attrazione immediata.

Il Find N2 Flip ha introdotto un design pieghevole con una cerniera a goccia d'acqua, che riduce la piega sullo schermo e migliora la durabilità del dispositivo. Inoltre, il display esterno consente di scattare selfie di alta qualità utilizzando la fotocamera principale

BONUS 6. Xiaomi Mi 1 (2011)

Il Xiaomi Mi 1, noto anche come Xiaomi Phone, è stato il primo smartphone dell'azienda, dotato di un display LCD da 4 pollici con risoluzione 480x850 pixel. Alimentato da un processore dual-core Qualcomm Snapdragon S3 da 1.5 GHz, aveva 1GB di RAM e 4GB di memoria interna. La fotocamera posteriore era da 8 MP e la batteria da 1930 mAh. Il sistema operativo era Android con interfaccia personalizzata MIUI.

Annunciato ad agosto 2011, il Mi 1 è stato il punto di partenza di Xiaomi nel mercato degli smartphone. Le vendite sono iniziate nell'ottobre 2011 e il dispositivo è stato accolto positivamente grazie alle sue specifiche di fascia alta a un prezzo competitivo di 1999 Yuan (~284 USD), contribuendo alla rapida ascesa di Xiaomi nel settore.

Il Mi 1 ha ricevuto oltre 300.000 pre-ordini nelle prime 34 ore di vendita. Il dispositivo ha introdotto MIUI, l'interfaccia utente personalizzata di Xiaomi, che è diventata molto popolare per le sue opzioni di personalizzazione

BONUS 7. Xiaomi Mi 3 (2013)

Il Xiaomi Mi 3 presentava un display IPS LCD da 5 pollici con risoluzione Full HD 1080x1920 pixel. Alimentato da un processore quad-core Snapdragon 800, aveva 2GB di RAM e opzioni di memoria interna da 16GB o 64GB. La fotocamera posteriore era da 13 MP e la batteria da 3050 mAh. Il sistema operativo era Android con MIUI.

Lanciato nel settembre 2013, il Mi 3 ha rappresentato un grande passo avanti per Xiaomi in termini di design e prestazioni, diventando popolare in Cina e in altri mercati emergenti.

Il Mi 3 è stato il primo smartphone Xiaomi a essere venduto ufficialmente in India, uno dei mercati più importanti per l'azienda

BONUS 8. Xiaomi Mi Mix (2016)

Il Xiaomi Mi Mix era dotato di un display IPS LCD da 6.4 pollici con risoluzione 2040x1080 pixel e un rapporto schermo-corpo del 91.3%. Alimentato da un processore quad-core Snapdragon 821, aveva 4GB di RAM e 128GB di memoria interna non espandibile. La fotocamera posteriore era da 16 MP e la batteria da 4400 mAh. Il sistema operativo era Android 6.0 Marshmallow con MIUI.

Lanciato nell'ottobre 2016, il Mi Mix ha fatto notizia per il suo design innovativo senza bordi, progettato da Philippe Starck. Questo dispositivo ha portato Xiaomi a un nuovo livello di riconoscimento nel design degli smartphone.

Il Mi Mix è stato uno dei primi smartphone a presentare un rapporto schermo-corpo superiore al 90%, diventando un'icona di design e ottenendo riconoscimenti in vari musei di design in tutto il mondo

BONUS 9. Xiaomi Mi Mix 2 (2017)

Il Xiaomi Mi Mix 2 aveva un display IPS LCD da 5.99 pollici con risoluzione Full HD+ 1080x2160 pixel. Alimentato da un processore Qualcomm Snapdragon 835, aveva 6GB di RAM e 64GB, 128GB o 256GB di memoria interna. La fotocamera posteriore era da 12 MP e la batteria da 3400 mAh. Il sistema operativo era Android 7.1 Nougat con MIUI.

Rilasciato nel settembre 2017, il Mi Mix 2 ha continuato l'eredità del design senza bordi del suo predecessore, migliorando al contempo le specifiche hardware.

Il Mi Mix 2 ha introdotto una versione speciale con finiture in ceramica e un telaio dorato da 18 carati, aggiungendo un tocco di lusso al dispositivo

BONUS 10. Xiaomi Mi 11 Ultra (2021)

Il Xiaomi Mi 11 Ultra è dotato di un display AMOLED da 6.81 pollici con risoluzione QHD+ 1440x3200 pixel e un refresh rate di 120Hz. Alimentato dal processore Qualcomm Snapdragon 888, aveva 12GB di RAM e 256GB di memoria interna. La fotocamera posteriore era tripla, con un sensore principale da 50 MP, un ultra grandangolare da 48 MP e un teleobiettivo da 48 MP. La batteria era da 5000 mAh con supporto per la ricarica rapida a 67W.

Lanciato nel marzo 2021, il Mi 11 Ultra è stato uno dei dispositivi più avanzati di Xiaomi, con caratteristiche di punta sia in termini di display che di fotocamera.

Il Mi 11 Ultra ha introdotto un piccolo display posteriore accanto al modulo della fotocamera, permettendo di scattare selfie di alta qualità utilizzando le fotocamere principali

BONUS 11. Honor 6 (2014)

L'Honor 6 presentava un display IPS LCD da 5 pollici con risoluzione Full HD 1080x1920 pixel. Alimentato da un processore octa-core Kirin 920, aveva 3GB di RAM e 16GB o 32GB di memoria interna espandibile. La fotocamera posteriore era da 13 MP e la batteria da 3100 mAh. Il sistema operativo era Android 4.4.2 KitKat con interfaccia EMUI.

Lanciato nel giugno 2014, l'Honor 6 è stato uno dei primi dispositivi a utilizzare il processore Kirin 920 di Huawei, segnando un passo importante nella capacità di Huawei di sviluppare internamente i propri chip.

L'Honor 6 è stato uno dei primi smartphone a supportare la tecnologia LTE Cat6, permettendo velocità di download fino a 300 Mbps

BONUS 12. Honor 8 (2016)

L'Honor 8 era dotato di un display IPS LCD da 5.2 pollici con risoluzione Full HD 1080x1920 pixel. Alimentato da un processore octa-core Kirin 950, aveva 4GB di RAM e 32GB o 64GB di memoria interna espandibile. La fotocamera posteriore era doppia, con due sensori da 12 MP, mentre la fotocamera frontale era da 8 MP. La batteria era da 3000 mAh e il sistema operativo era Android 6.0 Marshmallow con EMUI.

Lanciato nell'agosto 2016, l'Honor 8 ha portato la tecnologia della doppia fotocamera a un pubblico più ampio, utilizzando due sensori per migliorare la qualità delle immagini.

Il design in vetro del retro dell'Honor 8 era composto da 15 strati diversi, creando un effetto visivo unico quando colpito dalla luce

BONUS 13. Honor View 10 (2017)

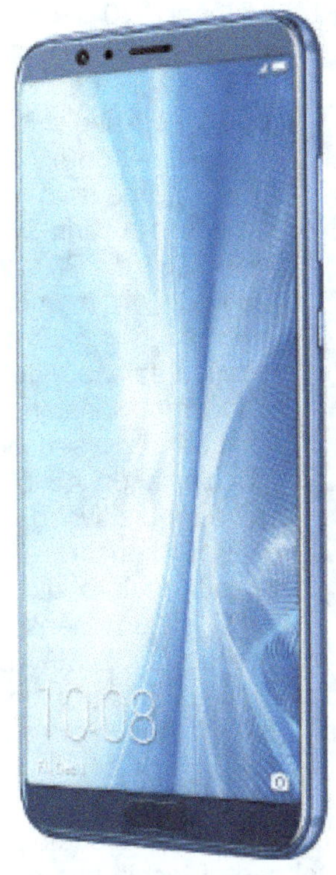

L'Honor View 10 presentava un display IPS LCD da 5.99 pollici con risoluzione Full HD+ 1080x2160 pixel. Alimentato da un processore octa-core Kirin 970, aveva 6GB di RAM e 128GB di memoria interna espandibile. La fotocamera posteriore era doppia, con un sensore da 16 MP e uno da 20 MP, mentre la fotocamera frontale era da 13 MP. La batteria era da 3750 mAh e il sistema operativo era Android 8.0 Oreo con EMUI.

Lanciato nel dicembre 2017, l'Honor View 10 ha introdotto l'intelligenza artificiale nel segmento degli smartphone di fascia media, grazie al processore Kirin 970 con NPU (Neural Processing Unit).

L'Honor View 10 è stato uno dei primi dispositivi a offrire il riconoscimento delle scene tramite AI, migliorando le impostazioni della fotocamera in tempo reale per ottenere scatti migliori

BONUS 14. Honor 20 Pro (2019)

L'Honor 20 Pro è dotato di un display IPS LCD da 6.26 pollici con risoluzione Full HD+ 1080x2340 pixel. Alimentato dal processore Kirin 980, ha 8GB di RAM e 256GB di memoria interna. La configurazione della fotocamera posteriore include un sensore principale da 48 MP, un teleobiettivo da 8 MP, un sensore ultra grandangolare da 16 MP e un sensore macro da 2 MP. La fotocamera frontale è da 32 MP. La batteria è da 4000 mAh con supporto per la ricarica rapida a 22.5W. Il sistema operativo è Android 9.0 Pie con interfaccia Magic UI 2.1.

Lanciato a maggio 2019, l'Honor 20 Pro è stato progettato per competere nel mercato degli smartphone di fascia alta a un prezzo più accessibile rispetto ai suoi concorrenti diretti. Ha attirato l'attenzione per le sue capacità fotografiche avanzate e il design raffinato.

L'Honor 20 Pro è stato uno dei primi dispositivi a presentare una fotocamera frontale con design a "punch-hole" e un sensore di impronte digitali montato lateralmente, integrato nel pulsante di accensione. Questo design ha permesso di ottenere un rapporto schermo-corpo del 91.6%, rendendolo un dispositivo molto apprezzato per l'uso quotidiano.

BONUS 15. Honor Magic4 Pro (2022)

L'Honor Magic4 Pro è dotato di un display OLED da 6.81 pollici con risoluzione 1312x2848 pixel e un refresh rate di 120Hz. Alimentato dal processore Snapdragon 8 Gen 1, ha 12GB di RAM e 256GB di memoria interna. La configurazione della fotocamera posteriore include un sensore principale da 50 MP, un teleobiettivo da 64 MP, un ultra grandangolare da 50 MP e un sensore di profondità 3D. La fotocamera frontale è da 12 MP. La batteria è da 4600 mAh con supporto per la ricarica rapida a 100W.

Lanciato nel 2022, l'Honor Magic4 Pro ha rappresentato un significativo passo avanti per Honor in termini di tecnologia di visualizzazione e capacità di fotocamera. Il dispositivo ha consolidato la posizione di Honor come leader nell'innovazione degli smartphone.

L'Honor Magic4 Pro è uno dei primi dispositivi a supportare la ricarica wireless ultra-rapida a 100W, consentendo di ricaricare completamente la batteria in meno di 30 minuti. Questo modello ha anche introdotto funzionalità avanzate di intelligenza artificiale per il miglioramento delle fotografie e della sicurezza del dispositivo.

Epilogo

Mentre ci avventuriamo nel futuro della tecnologia, la storia della telefonia ci offre una prospettiva unica sul potere dell'innovazione e dell'adattamento umano. Dai rudimentali telefoni fissi del XIX secolo ai sofisticati smartphone del XXI secolo, il viaggio della telefonia è una testimonianza della nostra incessante ricerca di connessione e comunicazione.

Un Viaggio di Innovazione

Ogni epoca ha visto trasformazioni radicali, ciascuna spinta dalla curiosità e dall'ingegno umano. Alexander Graham Bell e Thomas Watson non avrebbero potuto immaginare che il loro "telefono parlante" avrebbe dato vita a un'industria che oggi collega miliardi di persone in tutto il mondo. Le invenzioni successive, dal telefono rotante ai primi telefoni cellulari, hanno progressivamente abbattuto le barriere della distanza, rendendo il mondo più piccolo e più accessibile.

La Rivoluzione Mobile

L'avvento dei telefoni cellulari negli anni '80 ha segnato l'inizio di una nuova era. La mobilità ha trasformato la comunicazione da un'attività confinata a una scrivania a un'esperienza onnipresente. La transizione dai primi telefoni portatili, ingombranti e costosi, ai telefoni intelligenti e multifunzionali che oggi portiamo in tasca, ha ridefinito il concetto stesso di comunicazione.

Il Ruolo degli Smartphone

Gli smartphone, emersi con prepotenza dal 2007 in poi, non sono semplicemente telefoni. Sono dispositivi multimediali, computer portatili, navigatori GPS e centri di intrattenimento. Con l'introduzione di iOS e Android, la telefonia mobile ha subito una trasformazione radicale, diventando una piattaforma aperta per l'innovazione e la creatività. Applicazioni per ogni necessità immaginabile hanno reso gli smartphone strumenti essenziali per la vita quotidiana.

L'Impatto Sociale e Culturale

La diffusione della telefonia ha avuto un impatto profondo sulla società. Ha cambiato il modo in cui lavoriamo, socializziamo e accediamo all'informazione. Ha permesso la diffusione dei social media, ha rivoluzionato il giornalismo e ha dato voce a milioni di persone in tutto il mondo. La telefonia mobile ha anche sollevato importanti questioni riguardanti la privacy, la sicurezza e l'etica della comunicazione digitale.

Guardando al Futuro

Mentre ci addentriamo ulteriormente nel XXI secolo, il futuro della telefonia promette ancora più innovazione. Le tecnologie emergenti come il 5G, l'intelligenza artificiale, la realtà aumentata e virtuale stanno già plasmando la prossima generazione di dispositivi e servizi. La telefonia continuerà a evolversi, abbattendo nuove barriere e aprendo nuovi orizzonti per la connessione umana.

La storia della telefonia è una storia di progresso, resilienza e ingegno umano. È la storia di come abbiamo imparato a superare le distanze, a condividere le nostre vite e a connetterci in modi sempre più profondi e significativi. Guardando indietro, vediamo un percorso lastricato di scoperte e innovazioni. Guardando avanti, vediamo un futuro pieno di possibilità inesplorate. La telefonia, in tutte le sue forme, rimarrà una componente centrale della nostra esistenza, continuando a trasformare il mondo e il nostro modo di vivere.